【文庫クセジュ】

ヨーロッパとゲルマン部族国家

マガリ・クメール／ブリューノ・デュメジル著
大月康弘／小澤雄太郎訳

Que sais-je?

白水社

目次

序論

一世紀から七世紀にヨーロッパに定住した蛮族たちの評判は実に悪い。こうした否定的な蛮族観はルネサンス期の思想家たちに起因する。彼らの目には、ローマの消滅は、唯一にして真の文明の破滅と映ったのである。モンテーニュやラブレーの時代以来、《Barbare》〔蛮族〕の語はフランス語で「侮辱」を意味している。このように、ローマ帝国の滅亡に関与したとされたあらゆる民族は、汚名を着せられた。たとえば、中世の大聖堂〔カテドラル〕の建築様式を形容するのに、十六世紀のイタリア人は《gothique》〔ゴシック様式〕の語を用いた。彼らは、ゴート族のみが古代の美的規範から逸脱したと考えたのである。同様に、十八世紀に《vandalisme》〔ヴァンダリスム＝破壊行為〕という新語が発明されたが、この語の語源はヴァンダル族、すなわち教会財産を荒らして楽しんだと非難されていた蛮族である。

啓蒙主義時代の末期、またとりわけ十九世紀初頭に、世にいうローマ帝国の破壊者は、うってかわってポジティブなイメージを取り戻した。ヨーロッパでは国民国家が形成され、歴史家たちは、西ヨーロッパ諸国の誕生はローマによるところはほとんどなく、もっぱら卑しい蛮族のおかげである、と考えるようになった。アングル族はアングルテール〔イングランド〕の語源になっているし、フランク族はフランスの語源になっているではないか。こうした理由で、これらの民族はすべて学問研究の対象となった。一八一九年からは、ドイツの学者集団によって、西方の蛮族について言及する史料の集成を出版しようとすることさえ企てられた。彼らはドイツの遠い創設者だと思われていたからだ。この試みはドイツ歴史集成モヌメンタ・ゲルマニアエ・ヒストリカ〔*Monumenta Germaniae Historica, MGH*〕の名を得て、標語に«*Sanctus amor patriae dat animum*»（祖国への聖なる愛は勇気を与える）を掲げた。このプロジェクトは徐々に国家主義的な意味合いを失ったとはいえ、ドイツの文献学の代表作を自任した。この活動は今でも続いており、専門家たちは常に、*MGH*《エムゲーハー》の新しい出版物について、感情をこめて語りついでいる。

しかし、二十世紀初頭から、蛮族の時代のことを明らかにする新しい記述史料がほとんどみつからなくなった。代わりに、考古学が膨大な量のデータを提供した。さらに、一九四〇年代以来、またエドゥアール・サラン〔フランスの考古学者〕のパイオニア的著作以来、発掘による出土品の年代測定の方法が大幅に精度を増した。二〇〇九年に発掘された「スタッフォードシャーの宝」に代表される個々の重要な発掘物は、ヨーロッパの暗黒時代に対する人びとの関心を喚起している。

しかし、研究の真の進展に寄与しているのは、特に問題への方法論的アプローチ〔の進展〕である。

なによりもまず、蛮族とはなんなのか。まず古代ギリシア人にとって、次に古代ローマ人にとって、この語《barbare》はギリシア語またはラテン語を解さない人という意味だった。彼らのコミュニケーション手段は不明瞭な音に限られており、彼らは「未開」《bar-bar》という異名を得るに値した。蛮族は、自分の思想を明晰に表現できなかったため、合理的な判断に基づく論理というものを発展させることができなかった。これらの部族は野生的で不合理的だったため、潜在的に危険であるとされた。幸運にも、その部族は遠方のどこだかわからない地「バルバリクム」(*Barbaricum*, 蛮族の国)に住んでおり、その地は地中海盆地の文明の外に位置していた。

現在の研究者は旧来のこうした説明の根底にある道徳的想定を捨てさった。とはいえ、それでもライン川とドナウ川の北部に住む人びとが古代全体を通じてものを書くことができなかったことは、依然として認めざるをえない事実である。彼らは書物、碑文、貨幣など、歴史家にとって馴染みのある史料をなにひとつ残さなかった。五世紀末までの蛮族の存在は、地中海世界の物書きが彼らについて伝えようとすることに頼らなければならないが、当の書き手たちは総じて蛮族と敵対していたのである。

そうなると、十九世紀と二十世紀初頭の学者たちが望んだように、ギリシア・ラテンの著作と考古学が存在を証言する部族が、中世の諸民族の祖先、さらには近代の国民の祖先となったと考えることはできるだろうか。

西方の王国の誕生について研究するにはまず、ローマ帝国に侵入する以前の蛮族の組織について、我々が十分に知らないということを認識しなければならない。このような組織は、仮説や推測の対象にしかなりえないのである（第一章）。蛮族に関する客観的な一次史料が登場したのは、地中海世界との接触が始まった前一世紀のことである。彼らは対立もしたが、文化的交流もした（第二章）。後期ローマ帝国は蛮族との関係を発展させた。これによって蛮族がローマ帝国領内に定住することになった（第三章）。他方、五世紀に、相互的な異文化受容から生じた独自の文明の発達が垣間見られた（第四章）。四七六年の〔西〕帝国の滅亡後、蛮族は、ローマの伝統の大部分を存続させる形で、元属州の地に自立的国家を形成した（第五章）。最後に、蛮族の大部分がカトリックに改宗することによって、さまざまな人びとの融合と新たなアイデンティティの建設が可能となった（第六章）。

第一章　帝国侵入以前の蛮族

古代の蛮族は文盲だったため、定義からすれば、自分たちの過去を語る記述された語りという意味での「歴史」を持たなかった。我々にとって蛮族は、ギリシア人やローマ人といった近隣の住民の視点や、彼らが地中に残した物的痕跡を通じてしか存在しないのである。とはいえ、これらのデータは豊富というにはほど遠いが、おおいにさまざまな解釈の余地を与えてくれている。

I　量的に乏しく信憑性に欠ける史料

1　古代の民族誌学者

ヘロドトス以来、前五世紀にギリシア人は自分の世界の外にいるあらゆる人間を区分けして、その野蛮さの程度に応じて階層分けしようと試みた。蛮族世界は総じて不変であると考えられた。そのおかげで、すでに過去の著述家が与えた部族名、蛮族の服装、信仰、風習についての描写を最大限に活用することができた。たとえば、三世紀にギリシアを攻撃したゴート族はスキタイ族、ゲタイ族、ダキア族と呼ばれた。この三つの民族は、黒海北部から来た攻撃者として以前から言及されていた。

商業上の接触や外交交渉、軍事遠征があったにもかかわらず、近隣諸民族の直接証言から導かれる情報はけっして多くないようで、そのわずかな証言はいずれも、きまって蛮族の野蛮さについての発言へと包括される。実際、あらゆる蛮族は揺籃期にある民族と考えられていて、彼らの慣習についての記述は、この世の普遍の真理の根拠として用いられた。たとえば、ギリシア人が発明した理論によれば、人間社会の発達において天候は重要な役割を果たす、という。極端に暑かったり寒かったりすると、限りなく野獣に近い民族はかろうじて生きながらえるのみである〔ので、彼らに文明を発達させる余裕はない〕と考えられた。したがって、ヨーロッパとアジアの北の果てに住んでいる人びとは農業や肉の加熱調理を知らないものとされた。こうした要素が蛮族を、地中海沿岸にしか住んでいなかったとされる文明化した人間〔ギリシア人〕から遠ざけていた。

2　ローマ人の歴史記述史料

それゆえ、昔の民族誌学者の手による蛮族世界の描写には、実際の観察から導かれた情報と、理論的推測と、以前の著述家の言説の繰り返しとが、不可分に混ざりあった形で存在する。描かれている民族と実際に交流した個人が残した史料でさえ、昔の民族学的記述をア・プリオリに採用したり、彼らの情報を読み手に合わせて利用したりしている。たとえば、一世紀と二世紀の転換期〔九八年〕に『ゲルマーニア』を執筆したタキトゥスもそうである。彼は帝国の近隣民族について膨大な記述を残しているが、彼の観察は暗にローマへの批判に供している。すなわち、タキトゥスにおける蛮族は、純粋な慣習の持ち主であり貨幣によって腐敗していないものとして描かれているために、帝国の道徳的退廃を際立たせている。

三世紀に、蛮族の集団によるローマ境域への圧力は大きな政治的問題となった。皇帝は軍事遠征の結果に応じて選出され、また失脚した。この文脈において、敵軍蛮族を想起させることは、なによりもまず君主の賞賛に供した。たとえば、三世紀と四世紀の歴代皇帝のガリアにおける勝利を報告する公的演説である「ラテン語頌詩」は、蛮族のおおいなる野蛮さを強調し、戦闘をローマと悪の力の対決として描き出している。しかし、同書の一大関心はときの皇帝の賞賛である。人びとはその演説に扇動され、皇帝が和平をもたらし、やがてあらゆる蛮行を抹消してくれるだろうと思いこむに至った。

アンミアヌス・マルケリヌスが四世紀末に編纂した『ローマ帝政の歴史』〔別名『歴史』〕も同様に、ローマ軍と蛮族の衝突について描写している。もっとも三五三年から三七八年に関する部分しか伝来していない。著者は異教徒だったので、キリスト教の拡大を帝国の必然的退廃と結びつけている。そのため、その叙述は深い悲観主義に則った道徳的な言説を含んでいる。同様に、四世紀末に編纂された、一一七年から二八四年に君臨してきた歴代皇帝の生涯を語る『ローマ皇帝群像』においても、蛮族はローマの引きたて役としてしか登場せず、彼らの美徳と悪徳を世に知らしめている。

3 考古学

記述史料が不足しているため、蛮族世界の誕生を理解するうえで、一般に発掘史料が必要である。これらの一次史料〔記述史料と発掘史料〕が結びつくことによって、考古学者が「物質文化」と呼ぶものを同定することが可能になる。物品がまとまってみつかった場所を地図上にプロットすると、「文明」――この言葉は適さないだろうが――の拡大の様子が明らかになる。

ローマ時代、ローマ人の史料が蛮族の出生地と位置づけているヨーロッパ北部と東部で、多くの物質文化が発達した。なかでも目をひくのは一世紀以来発達した、オーデル川とヴィスワ川（現在のポーランド北部）の間のヴィエルバルク文化と、それよりも南に位置するプシェヴォルスク文化である。プシェヴォルスク文化の特徴は、主に火葬が行われていた点と、墓に武具を供えていた点である。他方、ヴィエルバルク文化は、土葬が中心だったことと、墓に武具を供えなかったことが特徴的である。後者の物質文化は、二世紀と三世紀により南のほうへ拡大した。他方オーデル川沿岸ではルボシツェ文化やデンプチノ文化が誕生した。

これらの土地で発掘された物品から、初期の蛮族の中心的活動が農業や家畜の飼育だったことがわかる。また専門的な工芸品、とりわけ冶金分野における工芸品も存在する。ローマの物品（金属の器、武具、ガラス容器）が大量に輸入されていたことに鑑みれば、みごとに確立した商業ルートを通じて地中海世界と定常的に交易が行われていたことがわかる。

三世紀中頃、ヴィエルバルク文化が依然としてドナウ川と黒海北部にみられたときに、チェルニャホフ文化がその地に発達した。この文化は、ヴィエルバルク文化にプシェヴォルスクや東ステップの文化が混入したものである。ローマ属州の影響は、その土地に前からある土着文化よりもチェルニャホフの文化において、はるかに重要だったようである。

この考古学的文化は五世紀中頃に消滅するが、これが、さまざまな蛮族が帝国の領域に侵入してきたのと同時期の出来事ではないということは、看過できない。

4　回顧的な「民族史」

蛮族の過去について書かれた初の真の歴史記述は「民族史」（*Historia gentium*）というジャンルである。これらは六世紀と七世紀にラテン語で書かれ、西方の新しい王国のエリートに向けて献呈された。たとえば、カッシオドルス・セナトールは五二六年より前に、十二巻にわたる『ゴート族の歴史』をイタリアのテオドリック大王に書き送った。この文書は、五五一年ないし五五二年にヨルダーネスによって書かれた要約〔『ゴート族の起源と治績について』〕によってしか現代に伝わっていないが、はたしてどの程度信用できるだろうか。七世紀初頭に、セビリヤ司教イシドールスもまた、イスパニアを統治した時代のゴート族の歴史を綴った。フランク族の起源についての最初の語りは、七世紀の『フレデガリウス年代記』に見出される。初期ランゴバルド族の冒険は、六六一年から六七一年に書かれた『ランゴバルド族の起源』(*Origo gentis Langobardorum*)に描かれている。

これらの語り一つ一つは、書き手が認識していた世界の果て(スカンジナビアないし〔小アジアの〕トロイアに位置するスキティア)に住んでいた民族の起源について語っており、彼らの歴史を勝利に彩られた移住として描いている。この勝利は〔後の〕王国の建設を可能にする重要な征服へとつながっていった。この地理的移動は文明化が徐々に始まっていくのと同時期のことだった。この文明化によって、さまざまな民族がローマ人の後を継ぐに値するようになった。

蛮族の過去についてのほかの史料がないので、歴史家たちは「民族史」に過剰な信頼をおき、しばしば書いてある以上の情報を引き出してきた。史料中に登場する地政学的詳細は移住のルートを把握するのに用いられるが、それらの文書は現実の空間と対応しない世界のイメージを構築してしまっている。たとえば蛮族は、スキティアとヨーロッパとを分かついわゆる「リフェエ山脈」を越えてきたというが、同定できる山塊は存在しない。

実際、起源についての語りは編纂の文脈においてしか意味をなさない。それらの文書は、新しいエリートがラテン語文化を受容したということを立証しているものの、新しい王国の形成に先立つ数百年の現実について、我々にほとんどなにも伝えてくれない。こうした語りの著者は、彼らが報告する出来事から〔時代的に〕遠く離れすぎているのである。ローマ帝国が相当前に消滅したものの依然として名声を保っている時代に、彼らはキリスト教徒の王を賞賛するために物書きをしているのである。ときに、起源の語りのなかで蛮族の口頭伝承の伝統が言及されるが、そのいくつかは明らかにラテン語の記述史料の影響を受けている。たとえばフランク族はトロイアの子孫で――彼らはトロイアの陥落のときに逃げてきた――、ゴート族は旧約聖書で言及されるゴグとマゴグの子孫である、とされる。他方、真正の口頭伝承に由来する要素も、きわめてまれにある。たとえば、ゴート王テオドリックの先祖の名前がヨルダーネスによって言及されていたり、ランゴバルド族の神ゴダン〔オーディン〕とフレア〔フリッグ。オーディンの妻〕の名前が『ランゴバルド族の起源』において言及されていたり、といった具合である。

これらの史料は情報がひじょうに断片的なので、五世紀から七世紀の蛮族の形成を明らかにする三つの史料編纂モデルが対立している。〔以下三つの節にわたってみていく。〕

II　大移動のテーゼ

二十世紀後半まで、蛮族の出現は大移動モデルによって説明されていた。それによれば、分離していて、構造化され、同質化された集団という形態の下で、民族は数百年、さらには数千年かけてヨーロッパ全土を移動し、ローマ帝国の境域に達したとされる。蛮族世界のローマ帝国への一様な圧力はまず、ローマ帝国が三世紀に経験する軍事的危機をもたらした。つづいて、その後まもなくゴート族の帝国への侵入（三七六年）と最後の西ローマ皇帝ロムルス・アウグストゥルスの廃位（四七六年）の間に、西ローマ帝国は崩壊した、という。

1　古代の記述史料に則ったモデル

この一般的モデルは、ローマの史料における〔民族生成に関する〕理解をそのままの形で受けいれている。この史料群は、蛮族の侵入を既知の世界の果てから到来した統制のとれていない急襲とみなしている。しかしそればかりか、より深い次元において、西方世界の文化を形成する二つの著作が言及する民族形成のモデルとも対応している。『アエネーイス』と旧約聖書である。

『アエネーイス』は前一世紀〔前二九年から前一九年にかけて〕にウェルギリウスによって著されたラ

テン語の詩で、トロイアの陥落後の時代のアエネアスとその仲間の遍歴を描いている。この一行が形成した小集団は、同じ出自、共通固有の伝統、ラティウムにいるトロイアの守護神の崇拝、そしてローマを建国するように呼びかけたたぐいまれなる運命の認識によって結びついていた。他方、旧約聖書は、あらゆるヘブライ人がヤコブの子孫であることから、ヘブライ人を、族内婚を基礎に据えた民族として描いている。ヤハウェ信仰のおかげでヘブライ人はひとりの長の下に結束しており、近隣集団と融合することなく放浪の末、約束の地までやって来られたのだった。

それゆえ、これらの描写は「民族」の概念を、生誕以来、神の摂理によって形成されてきた存在として伝えている。この描写においては、この集団は移住しても変質することはなかった。それが新しい民族や新しい伝統と融合することは、一度たりともなかった。

2 このモデルは国家主義的思想に役立ってきた

大移動モデルが大成功を収めたのは、ヨーロッパのナショナリズムがそのモデルを再利用したためである。蛮族王国を、遠い先祖の時代から組織化されており、軍事力によって領域を獲得した民族の創造として描くことで、蛮族王国の後継者を主張する国家は高揚した。蛮族に関する叙事詩は、ひとつの民族、ことさらに言ってしまえば初めから選ばれていた特定の人種が成功するに至った所以を語る神話となったのである。

たとえば十七世紀のスウェーデンでは、「ゴート主義」のおかげでゴート族の歴史が高揚した。それは、領土拡大や文明化を促進する使命を正当化するうえで、スウェーデン人にとってうってつけだったからである。同様に、啓蒙主義時代のフランスにおいても、蛮族の歴史はなによりもまず貴族階級によって持ち出された。貴族階級は自らを、勝利をもたらしたフランク族の末裔だと主張した。他方、第三身分は、敗北したガロ・ローマ人の末裔集団とみなされたのであろう。十九世紀に共和国政府は、ガリア人だけに言及することを好んだ。他方、敵国ドイツが自分の先祖だと主張している民族ときわめて近いゲルマン語系の蛮族であるフランク族の支配と同様に、きわめて国際的だったと考えられるローマの支配には、言及しなかった。

実際、後にドイツになった地域では人文主義の時代以来、蛮族の歴史への言及がひじょうに目立った。十五世紀にタキトゥスの『ゲルマーニア』の唯一の手写本が再発見されたことによって、言語学的理論と結びついて、ゲルマン語系民族の過去とドイツの過去との体系的な同化が促進された。ヤーコプ・グリムが一八三五年に蛮族の異教の研究書である『ドイツ神話学』を出版したのは、まさにこの延長線上のことである。この著作は、タキトゥスが描いたゲルマン民族と、その数百年後のゲルマン系語族の集団（特にゴート族）と、十九世紀のドイツ人とを同一視する見方に基づいている。国家主義的思想があまりに頻繁に蛮族を国家的集団の遺伝的先祖として描いたため、ナチズムはゲルマン系アーリア人種優越性の理論を洗練するために、この言説を汲みとりさえすればよかった。

3 今日このモデルは再検討されている

大移動を説明するモデルは、大衆向けの著作において長い間何度も取りあげられてきた。二〇一三年、ウィキペディア〔《Invasions barbares》の項目〕は再びそれを人びとに伝えひろめた。もっとも特徴的な描写は、民族大移動の地図である。その地図では、蛮族の動きがヨーロッパの最果てからローマ帝国へと向かう矢印によって示されていた。

このような表現は、多くの理由から否定されるべきである。まず、数百年間にわたると考えられる移動が矢印で表現されることによって、それらの移動が起こった順番や史料への注意〔どの史料においてその移動が言及されるか、ということへの注意〕が悉く無視されてしまう。たとえば、一枚の地図に次の二本の矢印がある。ひとつは四一〇年のローマ略奪後のアラリック軍の移動を示している。これは、同時代史料から十分に検証される出来事である。もうひとつの矢印はゴート族のスカンジ〔古代ギリシア・ローマ人によって用いられた語で、北ヨーロッパの知られざる島々〕とスキティア〔スキタイ人が住んでいた地〕間の移動を示しているが、これはヨルダーネスただひとりがきわめて曖昧な形で言及している出来事で、しかも当の書き手ヨルダーネスからみて千年以上前の出来事である。さらに、矢印は、移動の最中にある集団が安定的だったことを前提している。その集団が、数百年にわたる彷徨の間、近隣集団と区別される存在だったことが、暗黙のうちに了解されている。

この大移動モデルへの全員一致〔の支持〕は、一九六〇年代からの考古学の発展によって失われた。実際、長きにわたり、〔考古学的調査によって出土した〕残存物の解釈には初期中世の語りが描き出す移動を同定する以外の目的はなかった。たとえば、ゴート族やゲルマン語を話すそのほかの民族は、スカンジナビアで体系的に研究されてきた。ところが、より優れた研究によって、古代にはその地にほとんど人が住んでいなかったことが確認された。それ以来、人口の大移動はもはや説明されなくなった。また、いくつかの物品はバルト海沿岸のある地域と他地域〔スカンジナビア半島と大陸〕とで確実に共通している。しかしヴィエルバルクの物質文化は大陸で洗練された〔ので、このことはスカンジナビアからの人口移動があったことの証拠にはならない〕。

他方、言語学は〔移動に関する議論と比べて〕より慎重に用いられた。たしかに分析の結果、現在のスカンジナビア諸言語と四世紀のゴート族の言語との間に共通点が見出された。このことは、ウルフィラによるゴート語訳聖書の断片から窺い知ることができる。しかし、言語の類似性から移動を証明することはまったくできない。人口の移動がなくても、単にその民族がもたらす社会的名声によって言語が拡散することはありえるからである。

最後に、地名学は限界を示している。たとえば、北方にゴットラント〔現スウェーデンの最大の島。南部に位置する〕という島が、スウェーデン〔南部〕にイエータラントという半島があるが、その名前からゴート族の出身地であると結論づけることはできない。この地名は実際、ゴート族の起源をスカンジナビアに位置づける伝承を知った中世の著述家が与えたものである。

III 「漸進的民族生成」仮説

1 このモデルは一九七〇年代以来優勢だった

ドイツ語史家ラインハルト・ヴェンスクスとその門下の研究者たちは民族生成論を組みたてたが、その背景には歴史学の補助科学の発展があったというより、むしろナチズムへの反応があったと考えたほうがはるかによいだろう。この理論によれば、蛮族は、民族的伝統の中核を備えた名声ある小集団から、段階を経て形成されていった。さまざまな人びとに伝統や帰属意識が広まることによって、巨大な民族が形成された。これらの伝統の中でも、基本的な位置を占めていたのは共通の起源への信仰だが、これは王権に供するための政治的フィクションにすぎなかった、という。たとえば、軍事的成功を収めたゴート族の王に従うことによって、自らと行動をともにし、ゴート族の伝統を受容している人と運命をともにしていると感じるようになり、やがては自分自身がゴート族の一員だと考えるに至るのである。

民族の形成はこのように複雑なプロセスの結果であり、歴史的情勢の成果である。このような説明には、蛮族集団の変わりゆく兵力や、軍事的敗退を喫した後、彼らが突然消滅することについて説明できる利点がある。たとえば、フン族は四五三年〔フン族の王アッティラの死去〕以降どうなったのだろうか。民族生成論によれば、敗退した戦士は新しい主人のほうに鞍替えして、徐々にほかの民族集団へと同化していった、ということになる。

このようなアプローチはさらに、民族の遺伝的連続性という概念そのものを排除している。なぜなら、蛮族の統一性〔という概念〕はなによりもまず政治的、イデオロギー的構築物だからである。考古学は、蛮族世界における大量の人口移動を察知することや、物質文化を特定の民族に帰することを不可能だと考えてきたが、その考古学が提起してきた問題に、このアプローチは部分的に解答を与えたのである。

しかしながら、民族生成論は革新的な側面を持ちながら、旧来の〔説明の〕要素も取りいれている。たとえば、民族生成論は移動という概念を否定していない。もっとも移動したのは自身の存在の物的痕跡を残さなかったと思われる小集団に限られているとされた。民族的伝統は口頭で、継続的に、数百年にわたって伝わっていたと推測される。たとえば王族は民族形成の主体であり、統一性と連続性を担保する存在でもあったのだろう。そのため、仮に六世紀のゴート族が三世紀のゴート族の民族的子孫でなかったとしても、彼らはゴート族の伝統を真正に継承したともいえるのである。

2　しかしこのモデルは限界をみせている

民族生成論の支持者にとって、民族形成に基づいて共有される伝統は、政治システム、宗教、言語、過去についての語りである。

ところが、蛮族の法的モデルにおいて古い時代〔ローマと接触する以前の時代〕の痕跡は察知されない。蛮族の族長たちは長い間ローマの政治システムに入りこみ、そのうちの数人は最高官職にまで至った。彼らは文書と地中海世界の法的伝統を我が物にした。そのため、フランク族やゴート族の王が作った法は、ローマ帝国の法のさまざまな要素を取りいれている。五世紀以来このようなテキストが存在することは、蛮族がローマ文化を大規模に受容したことを示している。彼らは、成文法の権力と、立法権を持つ君主による公布をなんなく受けいれたのである。

同様に、ゴート族やブルグンド族といった多くの蛮族は、異教徒である先祖が信じていた宗教をいちはやく捨てさって、キリスト教を導入した。ランゴバルド族などほかの民族においては、偶像崇拝が長い間キリスト教と共存した。だからといって、これらの民族のアイデンティティが衰えたようにも思われず、教会はしばしば王権の特権的な支持者でもあった。

一方、移動についての語りは、すでに言及したように、民族的モデルと先代の文学的著作に頼らざるをえない。その語りが描き出す旅程は、ローマ人の辺境地域観においてしか意味をなさない。この視点において、トロイア、スキティア、スカンジは動物に限りなく近い人間が住んでいた近隣地域に属している。これらの語りはすべてラテン語で記された。ラテン語は、ローマ帝国の元属州に形成されたあらゆる王国で、七世紀まで書かれた唯一の言語だった。

それゆえ、民族的伝統を備えた集団がスカンジナビアまでもたらしたとされるローマ文明と無縁の要素は、数的にきわめて限られていたと思われる。さらに、ゲルマン語を母語とする諸民族において王や族長が一貫として権力行使をしていたとする考え、とりわけ「神聖王権」(*Sakralkönigtum*)という観念〔ゲルマンの神々に列せられることにもなる王・族長が、神々に愛でられているとする観念〕は、今日では、同時代史料に根拠が見出されない、時代遅れの歴史記述上の創造と考えられている。

確立した民族集団の長期間にわたる移動を実行したのは、ローマ世界の外部の伝統を備えた小集団に限られてさえいる。それゆえ、民族の移動とは、きわめて限られた一群の議論に依拠した観念なのである。

Ⅳ　ローマの影響によって蛮族がアイデンティティを獲得したというテーゼ

仮に蛮族が初期古代に起源を持たず、おそらく彼らが移動中にそれ以上組織化されていなかったとするならば、彼らはどこから現れたのだろうか。一部の歴史家や考古学者たちは、ローマこそがある方法によって蛮族を作りあげた、という結論に至っている。

1　蛮族の物質文化と民族的アイデンティティとの関係は確立していない

ローマ世界と接触を始める前の蛮族に、強い民族的アイデンティティを見出すことはできるだろうか。この問いに対する答えは、最近の考古学の発達によるところが大きい。物質文化の拡散は、長期にわたって、蛮族集団の移動という考えと結びついていた。このことは、ヴィエルバルクにおけるそれにも妥当した。しかし今日では、五世紀以前において物質文化と民族的アイデンティティとの間の関連性が確立していたという考え方は、完全に再検討されている。

物質文化は実際、それを最初にもたらした者が移動すること以外に、模倣によって拡散しうる。たとえば現代社会において、〔フランス人が普段着と〕ジーンズを合わせて着用することはアメリカ文化の魅力に起因しているのであり、アメリカ人が一九四五年からヨーロッパに大量移住してきたわけではない。まったく新しい物質文化も同様に、民族的に安定した集団によって洗練されることもある。二十世紀の間、農業を軸に据えた生活様式はフランス社会において少数派になったが、一見して〔農業〕人口が部分的に消滅したかにみえるこの現象は、民族の流出に起因しているわけではない〔そうではなくて、フランス人が新しい生活様式を洗練したのである〕。それゆえ、物質文化の変化は必ずしも人間の移動や民族生成を示すわけではない。

一般に、埋葬の慣習はきわめて保守的であると言えるだろう。それは〔蛮族に民族的アイデンティティがあったかという問いに対する〕答えを与えてくれるに違いない。墓は記述史料と同様に、意味を持つものとして作られた作品形態をなしている。しかし、仮に墓がある個人のアイデンティティについて語ったとしても、必ずしもひとつの民族的アイデンティティだけに一致するわけではない。たとえば墓の中に置かれた武具は、なにを意味するだろうか。故人の民族か、戦闘員の特別な地位か、貴族集団への所属か、あるいは武具とともに埋葬されることのない女性や奴隷と比べて強かった、というだけの意味合いなのか。

物質文化と生成されたアイデンティティとの関係は、このように考古学者の間で白熱した議論の対象となっている。その何人かに従えば、物品を特定の民族のものと同定するのは誤った考えである。民族、文化、人種、言語による分類は、同質で明確に区別可能な民族という見方を前提するが、このモデルは可変的で雑多な混合体たる蛮族には適用できない。

ゼバスティアン・ブラターによれば、物質文化を区別しようとすることそれ自体が、認識論的問題を孕んでいる。なぜならこのことは、物的慣習の連続性（*continuum*）の最中にあるいくつかの物品を、ほかのものよりも重要なものとして区別するからである〔同時に存在する物品を格付けすることになる〕。さらに、同じ物質文化の空間的現実には、異論の余地があるだろう〔複数の場所で同じ物品が発掘されれば両者は同質の空間で、そうでなければ両者は異質な空間だったという見方は、支持しがたい〕。すなわち、決定的なものとして選ばれた要素に従うと、中心地と拡散先の辺境の地は異なったものになる〔中心地と拡散先の辺境地で発掘物が異なることはあるが、だからといって両者が異質な空間だったと結論づけることはできない〕。このように、考古学者は彼ら固有の類型を〔研究対象に〕投影するが、それは、彼らの先験的推論《ア・プリオリ》を反映してしまい、研究対象自身の認識を度外視してしまう。

この議論は、方法論の再検討がいかに深い問題であるかを示している。なぜなら、民族的アイデンティティは流動的であり、個々の帰属意識の変動にさらされているからだ。このように、五世紀以前に、民族性を社会的アイデンティティのほかの構成要素から区別することは不可能だと考えられる。

2 区別の戦略

蛮族の民族的アイデンティティの構造化において、バルバリクム〔蛮族の国〕の内にある要素がどのような貢献をしたかを推定するため、議論がいまだに続いている。他方、すべての研究者は、ローマ世界との接触が演じた決定的役割を認識している点では一致している。民族的帰属は〔政治的〕道具として利用されることもあったため、次のような形で表現された。

まず、蛮族が一度ローマ帝国に侵入すると、特定のアイデンティティを主張することによって、自分自身を区別することが可能になった。ゴート人、フランク人、ランゴバルド人であることによって、皇帝に仕える単なる戦闘員よりも高い社会的地位を獲得することができた。ローマはさらに、一部の民族をより高く評価した。時が流れるにつれて、いくつかのアイデンティティが吸引力を持つようになった。たとえば、帝国がゴート族の力を賞賛し、危惧するようになると、ますますゴート族の数は増していった。

次に、アイデンティティは将軍たちが帝国軍において巧妙に支配的役割を演じることを可能にした。三世紀初頭から簒奪が頻繁に起こり、どのローマの将軍が帝位を主張してもおかしくない状態だった。それ以来、一般にライン川、ドナウ川流域の属州で生まれた最高官職の保持者が、その野心に応じて帝位を占めるようになった。勇士マクシミヌス・トラクス〔最初の軍人皇帝〕は、その是非はともかく自分はローマ人だと主張した。彼はこれによって二三五年に皇帝になった。他方、ほかの将軍たちは蛮族出身を名乗り上げた。そのため、彼らは自分たちを主要な副官に仕立て上げることを常としていた皇帝に対して、まったく恐れをおぼえなかったのである。

最後に、民族的言説は外交的観点から、蛮族のエリートの地位を強化するに至った。たとえば、信用できる交渉相手になるためには、組織化された民族のメンバーであったほうが望ましかった。これは特に、皇帝が利益をもたらす合意をしてくれるならば服従し、そうでなければ反逆する、といったことの繰り返しを正当化することを可能にした。

蛮族の民族的アイデンティティはそれゆえ、ローマ文明の多くの外的要素に基づくにせよ、そうでないにせよ、社会政治的なレトリックのキーとなる要素をなしていた。民族的アイデンティティはローマ世界との接触によって徐々に洗練され、三七六年の後に、皇帝権の分化を正当化し、続いて独立した諸王国の建設を正当化すべく、さらなる発展を遂げたのである。

第二章　ローマとその周辺

帝国外部に住んでいた民族の変質を捉えるのは困難だが、ローマ世界の著述家たちは、リーメス（*limes*）周辺での〔ローマとその民族との〕衝突について多くを語っている。リーメスとは、帝国を蛮族世界から分かつ軍事境界線である。この境域におけるローマ人と蛮族の関係は複雑である。彼らはたしかに対立もしていたが、交渉や交易も行い、協力しあっていた。

I　いわゆる「大移動」

三世紀から五世紀にかけて、ローマの軍隊はしばしば困難な状況に陥り、蛮族の戦闘員の集団に帝国領への侵入を許していた。このため、この時期は長きにわたり、「大移動」期と評されていた。しかし、このような評価は誤解を招くものであり、総じて不適切である。

1　三世紀の襲撃

長きにわたり、ローマは強力な軍隊の恩恵に浴して、さらには外交上の手腕を発揮して、ライン川、ドナウ川のリーメスを支配していた。三世紀に、蛮族世界の再編成によって境域民族との力関係が変化し、ローマの敵対勢力が同盟を結び、結果として現実の軍事的脅威になるに至った。古くから名声ある民族の一派が再び出現し、ここではじめてローマ帝国への侵入の企てに関与した。二八五年ローマの丘ではじめて存在を確認されるサクソン族が代表的である。また、三世紀後半に、ライン川の対岸でフランク族（二六〇年）やアラマン族（二八九年）などのような新しい一門が出現した。これらの民族名はおそらく古くからあった蛮族集団の連合体を指していた。三世紀中頃、彼らの猛烈な攻撃は北海やマンシュにおける激しい海賊行為と相まって、さらなる猛威をふるった。

ライン川沿いの脅威に加えて危機的になったのは、特に活発だったドナウ川戦線だった。その地域において、数百年間言及されることのなかった民族一派の名前が見出された。たとえば、はじめてリーメス周辺に入ったとされるゴート族である。彼らが行ったとされるはじめての侵略は、黒海沿岸での二三八年のそれである。彼らの攻撃はダキア族、マルコマンニ族、ヴァンダル族など以前から確認される民族の攻撃と相まって、被害は甚大なものとなった。

このように西方〔戦線〕が脅威になったからといって、ササン朝権力が台頭してから再び危機的になっていた東方戦線の存在が忘れ去られることもなかったはずだ。この新たな王朝は二二四年頃からパルティア帝国に侵入し、攻撃を重ねた。ギリシア・ラテンの著述家の述べるところによれば、彼らはアレクサンダー大王によって敗北を喫したペルシア王国を再建しようという野心を抱いていた。ローマはそこにおいて、自らの帝国と同様に構築された国家〔ササン朝〕と直面した。ササン朝は三世紀末まで、ローマ皇帝にとって最大の悩みの種であり続けた。さらに、〔ローマ帝国が〕東方で敗北したことによって、二三五年皇帝アレクサンデル・セウェルスが暗殺され、それまでローマ世界に多少の政治的安定をもたらしていたセウェルス朝が消滅した。それ以来、ローマの将軍は頻繁に帝位を狙って反乱を起こした。彼らは軍隊を率いたため、境域区域は弱体化し、蛮族の攻撃に対して無防備になりがちであった。

このように、帝国は二四九年から三方向〔ライン川方面、ドナウ川方面、東方〕から攻撃を受け、帝国指導者はその攻撃に対処することができなかったようである。ローマ軍は多数の敗北を喫した。たとえば、二五〇年、ゴート王クニヴァはバルカン半島とフィリッポポリスを略奪した。皇帝デキウスは翌年になってやっと反撃に全勢力を注いだが、彼の軍隊は潰走し、デキウスは〔二五一年に〕アブリットゥスで殺された。しかし、東方戦線は蛮族の襲撃よりも大きな不安をもたらしていた。二六〇年、ローマ帝国のユーフラテス遠征は、きわめて恥辱的な形で終わった。皇帝ウァレリアヌスがペルシアの君主〔シャープール一世〕によって捕虜にされたのである〔エデッサの戦い〕。

三世紀の最後の約三十年で、軍事的状況は改善した。たとえば、ゴート族が二六八年にはじめて敗北し、続いて二六九年ナイッススにおいてクラウディウス帝にも敗れた。アウレリアヌスの治世（二七〇―二七五年）の後、三世紀の最後の十年まで、ゴート族の侵入はもはや問題視されなくなっていた。他方、ガリアにおいては、二七六年にピレネー山脈を下ってきたフランク族とアラマン族の激しい攻撃の後、プロブス帝（二七六―二八二年）によってその地に平和がもたらされた。

総じて三世紀の蛮族の軍隊は、領域を征服しようとも帝国と戦争して勝とうともしていなかった。彼らの短期的な攻撃の目的は、戦利品にあった。したがって、これは戦争というよりむしろ襲撃、ないしは略奪というべきだ。危機が終わったとき、帝国の奪われた領域はきわめて少なかった。主に、西方ではアグリ・デクマテス（ライン川上流とドナウ川上流の間の高地ゲルマーニア）、東方ではドナウ川北部に位置する唯一の属州ダキアが係争地となっていた。さらにいえば、これらの地域は蛮族によって征服されたというよりは、ローマによって捨てられたのである。たしかに、ガリア、パンノニア、モエシア、トラキアなどほかの地域は部分的に廃墟になった。しかし蛮族の襲撃は、領土拡大の野心を露骨に示していたペルシア帝国が仕掛けた戦争とは性質を異にしていた。

2　四世紀の衝突

皇帝ディオクレティアヌス（二八四―三〇五年）の治世の特徴は、どん底からの行政改革である。

Conception : B. Dumézil, M. Coumert, réalisation : G. Couix, UBO

地図１　395年のローマ帝国

この改革こそが、歴史家が後期ローマ帝国と呼ぶものの誕生の布石となった。内乱を抑えるために、ディオクレティアヌスはテトラルキア〔四分統治〕を実施した。これは、二人の正帝と二人の副帝、合計四人の皇帝が権力を分割する、というものである。四人全員が蛮族の襲撃、簒奪、課税への反乱に対処した。そのため、行政区画は変化した。いくつかの属州を集めて十二の管区〔*dioecesis*〕が作られた〔そのうち三管区が四世紀中にそれぞれ二分され、計十五管区になった。前頁の地図を参照〕。皇帝の四つの居住地（トリーア、ミラノ、シルミウム、ニコメディア）のおかげで、境域を支配し、ライン川、ドナウ川、東方の軍隊を統率するための迅速な介入が可能になった。東方の前線における二九七年から二九八年のペルシアに対する一連の勝利のおかげで、四十年間、ササン朝の脅威は消滅した。

アラマン族やフランク族のライン川への攻撃、カルプ族やサルマタイ族のドナウ川中流域への攻撃、ゴート族のドナウ川下流域への攻撃こそ繰り返し行われていたが、ローマ軍は軍事的優位を取り戻すことができた。コンスタンティヌス帝（三一二年より西帝、三二四年から三三七年において全帝国の皇帝）はこれらすべての民族に対する軍事的勝利を収めた。彼のプロパガンダは、ゴート族の地やサルマタイ族の国さえも、服従した属州として賞賛した。

帝国のさまざまな帝位要求者が中央権力を襲撃するために、自分の軍隊を境域地域から撤兵していた三世紀とは対照的に、内乱の結果として蛮族が侵入することはもはやなかった。いまや帝位候補者にとって、蛮族の存在は重要な要素のひとつだった。たとえば、〔三六〇年に〕ユリアヌスが正帝に任命された後、皇帝コンスタンティウス二世はアラマン族を動員し、ユリアヌスと戦わせようとした。コンスタンティウス二世が三六一年に急逝したため、内乱はかろうじて回避されたが、仮に皇帝が死去せずにそのような内乱が起こっていたならば、蛮族の襲撃は対立する二人、ユリアヌスとコンスタンティウスの戦略に利用されていたであろう。しかし、それは〔十年ほど後に〕現実のものとなった。三六三年、ユリアヌスがペルシアへの遠征中に死去した後、彼の親戚〔いとこ〕プロコピウスは、新皇帝ウァレンティニアヌス一世（三六四―三七五年）を倒すために、コンスタンティヌス朝に忠実だったドナウ川流域のゴート族（テルヴィンギ）の支持を取りつけたのだった。

3　五世紀の彷徨する軍隊

三七〇年代から、ローマ属州には、自分たちの族長の指揮下で行動する蛮族がいた。これを単なる襲撃として語ることは、もはや不可能である。なぜなら、武装した蛮族集団が帝国にとどまっていたからだ。軍団の長はなによりも皇帝から莫大な収入を得ることを目指していたので、彼らにとって侵略や征服は眼中になかった。総じて、蛮族はローマに依存して生きる術を身につけていた。彼らは、自身の軍団の財源をやりくりするために、その財務を寄生によって賄っていた。

ローマの将軍が簒奪を試みたとき、蛮族の族長は一番高い報酬を提供する将軍に身売りした。たとえばローマ人に仕えるフランク族の将軍アルボガストは、〔三九二年に〕西帝ウァレンティニアヌス二世を殺害し、エウゲニウス（三九二―三九四年）を皇帝に擁立した。他方、東帝テオドシウスは将軍ガイナスからゴート族を買収した。三九四年、フリギドゥスの戦いのとき、フランク族とゴート族は、それぞれが協力する二人のローマ人皇帝のために衝突した。

それゆえ、ローマの歴史家たちが五世紀に襲撃したと語る民族は、なによりもまず武装集団だったのである。ときに、彼らの族長はたしかに特定の民族的アイデンティティに頼った。たとえばアラリックは三九五年に反乱を起こし、軍団をバルカン半島からイタリアまで導いたゴート王である。その軍団は四一〇年にローマを略奪した。ローマによって権力が承認される時期（アラリックが三九八年にイリュリクム東部で総司令官になり、四〇七年にイリュリクム西部の同地位についたとき）と反逆される時期が、交互に訪れた。民族生成論によれば、アラリックに追従するゴート族のうち、三世紀のゴート族の子孫だったのは一部にすぎなかった、ということになる。しかしながら、アラリックの兵士の多くはおそらく自分たちのことを「ゴート人」だと思っていた。なぜなら、彼らが従っていたゴート族の族長は、ローマ軍の指導者と離れて行動することがきわめて多かったからである。

これらの軍事集団の民族的帰属意識は、勝利を共有する機会が多くなるにつれて明らかに広まった。たとえば、四〇七年のはじめに、ヴァンダル族、スエビ族、アラン族のさまざまな集団がガリアに進出した。彼らは一連の長征を始め、略奪に略奪を重ね、イスパニアまで至った。そこから、ヴァンダル族の王ガイセリックは四二九年に、アラン族の集団の援助を受けながら、アフリカの征服を行った。この彷徨と勝利が共有されることによって、ヴァンダル族の新しいアイデンティティが形成された。これは戦士たちを王への奉仕に結びつけた。アフリカのヴァンダル族とアラン族は四三九年〔ヴァンダル族がカルタゴを占領〕以降、もはや区別されることはなくなった。

このようにみていくと、蛮族集団が帝国領域に定住したかのようにも思われる。しかしこの集団は、専門戦闘員がおそらく女性や子供よりも多かった。この集団が行ったことは、侵略でも構成民族の移住でもなく、持続可能な資源を求めて彷徨する軍人たちの移動だったのである。

Ⅱ　交渉

「大移動」という神話を捨てさらねばならない理由は、〔その評価が誤解を招きやすく不適切なだけでなく、〕ローマ人と蛮族は対立こそしていたが、同じくらい頻繁に意思疎通もしていたからだ。

1　軌道に乗ったローマ・蛮族間の外交

三世紀、ローマの外交はしばらくの間、蛮族世界の中で進行していた再編成によって廃れた。しかし三世紀中頃、ローマは奇襲に遭ったり敗北を喫したりして、交渉を再び交わすようになり、帝国権力は敗北させた敵、あるいは服属させた敵に新たに条件を課した。皇帝たちは積極的に蛮族を帝国軍に傭兵として取りこんだり、農民や兵士を供給するため外部民族をローマの農村に移住させたりした。

たとえば三三二年、ドナウ川下流域でコンスタンティヌス帝に敗北したゴート族は、貢納金とローマとの商業権とを引きかえに、皇帝に軍隊を提供することを承認した。この取り決めはコンスタンティヌス朝の最後、三六三年まで遵守されたようである。皇帝コンスタンス一世（三三七―三五〇年）は三四一年にフランク族と同様の取り決めを交わし、三四八年にゴート族を低地モエシアに定住させた。

蛮族との外交はローマ帝国にとって、多くの問題を孕んでいた。最初の障壁は言語の問題だった。「全民族の通訳」機関の創設が必須となり、四世紀から機能した。次に、蛮族の族長の、自身の「民族」に対して実在する〔と考えられた〕権威は、ローマにとって理解しがたかった。このため、〔蛮族とローマ皇帝間で交わされた〕合意の持続期間が不明瞭になった。いずれにせよ、ローマ皇帝は、〔蛮族〕指導者についての情報を把握しなければならなかった。皇帝は四世紀中頃、従順でない族長を暗殺、さらには抹消することをいとわなかった。このことは、ローマ人の利害関心により合致した政策を行うことに合意した人を後継者に据え置く権能を皇帝が有していた、ということを示唆している。最後に、蛮族は文字を書くということを知らなかった。取り決めを結ぶために、ローマはさまざまな儀式に頼り、またそのために宗教的差異を忘れる術を身につけていた。たとえば、アンミアヌス・マルケリヌスは、三五八年にクァディ族が合意を確認するとき、「彼らにとって宗教的崇拝の対象である剣を並べて、忠誠を誓った」と報告している。慎重を期して、ローマは合意の尊重の抵当として人質を取った。蛮族の指導者の息子の多くはこうしてローマ帝国で教育された。このことに、次世代の族長を根本的にローマ化しようという関心が垣間見られるのである。

ときとして、ローマの外交はキリスト教の拡大を外交上の手段として用いることもあった。コンスタンティヌス帝が三二五年ニカイアで開いた初の全キリスト教会の会議〔ニカイア公会議〕に、ローマ世界の外部から数人の司教、とりわけペルシア人やゴート族のキリスト教共同体の司教が出席していた。それ以来、皇帝が全世界のキリスト教徒に要求した保護によって、改宗は大規模な政治的行為になった。そのため三三七年の後、ペルシアのキリスト教徒は裏切りの嫌疑をかけられたり、ササン朝の権力によって迫害されたりした。しかし一部の蛮族は、ローマと有益な合意を結ぶために新しい宗教を導入する利益をすばやく理解した。

しかし、四世紀のキリスト教徒が創造主である神、父、その子イエス・キリストの関係の解釈において、依然として意見の一致をみなかったことは指摘しておこう。この神学上の対立はローマ帝国の、さらには蛮族世界のキリスト教徒を常に刺激していた。キリスト教信仰は、ローマ人と蛮族の接近を可能ならしめるどころか、相互に相手集団のことを異端だと考える信者集団間に、絶え間のない分離をもたらした。

2 外交官のごとく振る舞った商人

ローマは平和な時代に蛮族世界と数多くの経済的取り決めを交わした。地中海世界が中央および北部ヨーロッパと行っていた交易は、とりわけガラス玉、食器（銅製、ガラス製、印章模様のある土物）、フィブラ、武具のやりとりを中心としていた。ローマ人は蛮族に一次産品、とりわけ銅やそのほかの非鉄金属、また大樽入りのワインをも供給していた。逆に、バルト海の黄色の琥珀でできた物品は帝国でひじょうに高く取り引きされたので、史料は、重要なのは蛮族がローマ人にもたらす物品だけだと断言している。こうした直接的交易は三世紀後半に消滅し、間接的な接触にとって代わられた。にもかかわらず、ローマの物品や戦争捕虜（その多くは工芸職人）がその戦利品となっていたので、蛮族の襲撃はドナウ川と黒海北部に位置するチェルニャホフの物質文化の形成に寄与した。

軍事情勢が一度安定すると、三世紀末に商業交易が復活した。そこにおいて、遠隔地の琥珀や毛皮が取り引きされた。しかし交易と市への接近は、もっとも危険度が低いと判断された蛮族の一部の利益集団にしか認められず、統制のとれたいくつかの場所だけで、またあらかじめ決められた日に行われた。

こうした条件付きの経済的交易において、ローマは外交上の手腕を発揮した。ゴート族が簒奪者プロコピウスを支持した後、皇帝ウァレンスに敗北したときもそうであった。ウァレンス帝は、三三二年にコンスタンティヌス帝がすでに交わしていた古い取り決めを三六九年に更新することによってその事件に終止符を打ったが、この新しい取り決めは、蛮族がこれ以上貢納金を受けとらず、帝国との交易を制限される、というものだった。この経済制裁は有効だった。なぜなら、その制裁は、当時フン族の軍事的圧力に屈していたゴート族を苦しめたからである。

しかし、軍事衝突のときでさえ、経済的動機を欠いていたことは一度もなかった。たとえば、三世紀の蛮族の襲撃はなによりも捕虜を得ることを目的としていた。彼らは奴隷として売られたり、身代金と引きかえに返還されたりした。ところで、捕虜の数は多かった可能性がある。二六〇年のものと推定されるアウクスブルクの碑文は、ユトゥンギ族によって捕らえられた後、ローマの勝利によって解放された捕虜が数千人いたことを示唆している。他方、皇帝軍はたしかに軍事衝突に訴えることもあった。三五六年から三六〇年のガリア遠征のとき、皇帝ユリアヌスは一万人を捕らえたと確言している。その捕虜たちは、奴隷へと落ちぶれた。

戦争のとき、捕虜は敵対者にも本人の同郷人にも襲われることがありえた。たとえば四〇九年の勅令は、蛮族に捕らえられた後に奴隷として同郷人が購入した地方住民を保護している。いずれにせよ、この何度にもわたる奴隷の移動は相互の文化受容を促進した。ゴート族をカトリックに改宗した司教ウルフィラは、三世紀中頃にカッパドキアで捕虜となったキリスト教徒の子孫だった。

III リーメスの監視

二三〇年代、蛮族は帝国の境域にとって、なによりもまず脅威とみなされていた。その百年後になると、ローマ権力は彼らをリーメスの真の守護者とみなすようになった。この二つの時期の間に、外部民族に助けを求めざるをえない重大な危機が帝国に起こったのである。

1 「三世紀の危機」の影響

三世紀の間、帝国は東方のササン朝と対立して重大な軍事的危機にさらされた。その危機は、暗殺、反逆、簒奪が多発したために政治的危機を伴った。そのため、経済、人口、社会秩序、宗教的和平も混乱した。このような困難はまとめて、「三世紀の危機」と呼ばれる。

まず、ローマの政治システムは縮小の一途を辿ったようである。セウェルス朝は二三五年以降、一連の軍人皇帝によって打倒された。しかし、帝位を主張するに至った者は、蛮族あるいはササン朝に対して勝利を収めた場合しか権力を維持することはできなかった。ローマのイデオロギーはこうして、危機からの有効な打開策を見出すことなく、大きく軍事化した。二三五年から二六八年、非業の死を遂げなかった皇帝はたった二人〔ゴルディアヌス一世とウァレリアヌス〕で、内乱という状況はローマ世界の統一を妨げた。実際、帝国はときとして、数人の簒奪者が中心権力の奪取をあきらめたときでさえ、崩壊した。ガリア人のローマ帝国〔ガリア帝国〕まで誕生し、二六〇年から二七四年まで自治権を有していた。

第二に、貨幣制度が混乱した。貨幣制度は三つの金属、すなわち金、銀、銅に依拠していた。ところで、銀貨はとりわけ軍隊への給与支払いに使われていたが、急速に不足した。銀貨を生産しつづけるために、硬貨に含まれる貴金属の含有率を下げた。こうして貨幣体系は窮地を脱した。〔しかし、〕その結果激しいインフレーションが生じて、それは三世紀後半にさらに加速した。こうした状況で、帝国内部での商業交易も外部地域との商業交易も減少した。

蛮族の侵入が危機の一部をなしていたのも確かである。侵入は実際、境域地域にとどまらず、一時的に帝国の中心部にも至った。三世紀中頃から、ゴート族はトラキアへの襲撃を重ねた。彼らは同時に小アジアの北部の海岸への海軍遠征をも行った。二六〇年代、ゴート族の攻撃はエーゲ海にも及んだ。あるいはキプロス島やロドス島のような遠方の島にも達したかもしれない。

いくつかの地域では、社会システムは長期にわたって混乱していたと思われる。このことは、三世紀末から没落した農民を結集した「バガウダエ」と呼ばれる、ガリアで生じた反乱が示しているとおりである。二八九年から二九〇年にかけて、マウレタニアでも大規模な反乱が生じた。これに、帝国に二五〇年頃に襲いかかり、二十年の間に慢性的なものとなった疫病を加えておこう。これらによって、帝国の潜在的人口は大きく減少した。

キリスト教の拡大もローマ社会を深く分断した。改宗が頻繁に行われたとき、皇帝たちは伝統的崇拝、なかでもローマのプロパガンダの中枢である皇帝崇拝が消滅することを恐れた。蛮族が急襲してきたとき、キリスト教徒たちは皇帝を救済するために犠牲になることを拒否したので、まず二五〇年に、つづいて二五七年から二六〇年にかけて、皇帝らはキリスト教徒の迫害に着手した。

帝国はこうした問題すべてに直面して、増税と徹底的な社会の軍事化によって対応した。その成果は三世紀の最後の約三十年間に得られた。ローマ軍は徐々に蛮族との対決で勝利を収めるようになり、簒奪が少なくなった。さらに、宗教的和平は二六〇年以後ガッリエヌス帝の寛容令によって回復した。あとは蛮族を抑えこむことができるリーメスを立てなおしさえすればよかった。とはいえ、ローマ人兵士が不足しはじめていた。

2　テトラルキアとコンスタンティヌス朝改革

軍事面については、ディオクレティアヌス（二八四―三〇五年）とテトラルケス〔四分領主。四分された帝国領土の各区分の統治者たる皇帝のこと〕の政治が三世紀末の皇帝の改革の流れに位置づけられる。軍隊の大部分は、要塞や軍用道路のような、戦略的要素の強化されたリーメスに沿って配置されていた。その背後で、皇帝直属のコミタートゥス〔*comitatus*, 従士〕の軍隊が、敵の侵攻に対して反応できる突撃戦闘部隊を形成した。また、徴兵制度も改革された。それによって、戦闘員の息子たちは兵役に就くことが、土地所有者は新兵を提供することが義務づけられた。後者の措置によって兵士の数が増えたが、その質は低下した。

テトラルケス間での軍事司令部の分担によって、リーメス全体を監視することが可能となった。その代わりに、帝位の継承をめぐる対立が起こって、確固たる規則によって終結することもなかった。三〇六年から、さまざまな将軍の間で対立が再び生じた。テトラルケスのひとりコンスタンティウス・クロルスの息子であるコンスタンティヌスが三一二年に西の正帝として、つづいて三二四年に帝国全体の唯一の皇帝として認められた。彼が三三七年に亡くなった後、コンスタンティヌスの息子たち〔コンスタンティヌス二世、コンスタンティウス二世、コンスタンス一世〕が三六一年まで権力の座を占めつづけた。

四世紀初頭、蛮族の襲撃に直接対応するためにローマの軍事組織が編成された。帝国はガリア道、バルカン半島〔イリュリクム道〕、オリエンス道に三つの大規模な軍隊を擁した。それぞれの軍隊は、歩兵隊と騎兵隊を管轄する二人の総司令官に委任された。このような地域ごとに分けられた司令体制は有効だったが、権力の移譲はリスクを孕む行為だった。たとえば、三五五年ケルンにおいて、フランク族出身の総司令官シルウァヌスは反乱を起こし、フランク族はこの離脱行為の恩恵に浴してケルン、つづいてガリア北部を荒廃させた。

蛮族の度重なる危機に対応していたために、帝国は分裂のときを迎えていた。三三〇年のコンスタンティノープル建設によって、二つの帝都〔ローマとコンスタンティノープル〕の併存が認められ、それぞれに元老院が設けられた。ローマの領域は、この二つの帝都が中心地となった。三六四年、ウァレンティニアヌス一世（三六四―三七五年）は権力の座につき、自らの弟ウァレンスを共同皇帝に任命して、管轄を地理的に分担した。ウァレンティニアヌスはガリア、イリュリクム、イタリア、アフリカを管轄し、ウァレンスはオリエンスの管理を請け負った。帝国はこうして二つの自治的集団へと分割され、それぞれが皇帝の指揮下に置かれた。帝国は政治的統一体でありつづけたものの、二つの部分は徐々に独立した存在へとなっていった。それは、それぞれに後継者争いと蛮族に対する遠征があったためである。

3　危機の解決策としての蛮族の侵入

この再組織化された帝国を保護するため、依然として兵士が必要とされた。ローマはもはや兵士を供給できる状態にはなかったので、蛮族が帝国属州の軍事力をいくらか補った。

四世紀末まで、外部の人間の導入は完全に帝国権力の主導下で行われていた。この政策は特に、例外的に奴隷へと成り下がらなかった兵隊捕虜を巻きこんだ。よりまれな事例では、自分たちの土地を追放された蛮族集団は、帝国に受けいれられるよう要求した。ローマはこうした集団をすべて集めて境域地帯に再定住させ、彼らに軍事的能力を見出した。帝国に合法的に入ってきた人びとには、さまざまなステータスが存在した。

まず、皇帝の慈悲によって再定住した人はデディティキ〔*dediticii*〕と呼ばれた。彼らは自由人だが、ローマ市民権であれ地方市民権であれ、あらゆる市民権を剝奪されていた。彼らはローマ帝国に財政負担と軍事義務のみを果たしていたが、このおかげで軍隊または行政機関への出世が可能だった。

他方、取り決めによって集められた蛮族は、トリブタリ〔*tributarii*〕の地位を享受できた。ウァレンティニアヌス一世が三七〇年にポー平原に定住させたアラマン族は、まさにこの地位にあった。彼らはローマ法に服従したものの、中長期的にはおそらくローマ市民権を享受した。

デディティキとトリブタリの地位は、個人に付与される性質のものだった。それに対して、三世紀末に証言がみられるラエティ〔*laeti*, ゲルマン人国境警備兵〕とゲンティレス〔*gentiles*〕は属州内の特定の共同体を包摂している。ラエティとは元々、蛮族に捕えられたが後に帝国によって解放され、帝国領内に再定住したローマ人のことを指していた。四世紀前半に、蛮族はこれと同じような方法で〔帝国に〕迎えられた。彼らはこうしてラエティの地位を得たのである。ゲンティレスについてはラエティほどよくわかっていないが、そのメンバーは皆蛮族の生まれであったようである。

ラエティとゲンティレスはいずれも同一の存在様態を示している。すなわち、ラエティもゲンティレスもローマの土地で耕作して、特別な体制の下に置かれていた。そして、国家役人の支配下に置かれ、帝国側からの接待の見返りに、彼らは軍役義務を負った。彼らはとりわけ考古学によって検証される出身集団のアイデンティティを持ちつづけていたばかりか、属州社会に統合されていたと考えられる。たとえば四〇五年の法は、ゲンティレスがローマ市民権を持っていたことを示している。

デディティキ、トリブタリ、ラエティを導入しても、たかだか解体した小さな蛮族集団を受けいれただけだった。族長の下によく団結して、領土内に拡散するのに十分な人口を擁するゴート族などの集団と対立して、はたしてなにができただろうか。そこで、四世紀にローマは同盟軍により高い地位を与えるという選択をした。その一環として、蛮族は帝国と取り決め〔ラテン語でフォエドゥス *foedus*〕を締結した。これによって、蛮族は土地や食糧物資を受領できるようになり、内部組織を自由に管理できるようになった。他方、蛮族は軍事的なリーメス〔境域〕維持という重責を負うことになった（第三章を参照）。

Ⅳ　傭兵の生活

さまざまな地位の蛮族が帝国の土地に侵入してきたことによって、ローマ軍が急速に「蛮族化」した。

1 ローマ軍内部の外部民族

三世紀から、ローマ軍は徴兵という慢性的問題に直面した。俸給はわずかだったので、ますます不安定になっていった。さらに、ローマ人よりも貧しい蛮族と戦っても、戦利品は期待できなかった。それでもローマ属州の周辺における徴兵は、四世紀全体にわたり境域において続いていた。それは主に兵士の息子が対象となったが（軍事職の継承は遅くともコンスタンティヌスの時代以降に確立した）、それだけでなく浮浪者や失業者からも直接徴用された。さらに、それぞれの地主は軍役のために、ひとりあるいはそれ以上の新兵を供給しなければならなかった。もっともコンスタンティヌスは兵士の供給を金納で代替することを認めていた〔兵役義務や現物納税を金納で代替させる政策を、アダエラティオ（*adaeratio*）という。この語が史料上はじめて登場するのは四三八年公布の『テオドシウス法典』においてだが、すでにコンスタンティヌス帝によって着手されていた政策である〕。

こうして集められた戦闘員の質が不十分だったので、帝国はますます蛮族に助けを求めることをいとわなかった。四世紀から、宮廷付属の軍隊は主に、フランク族、フリジア族、アラマン族などのラエティや、アラン族やフン族などを含むゲンティレスから徴兵されたエリートの戦闘員から構成されていた。多くの外部民族は最高軍隊の側につくようにもなった。

『官職要覧』（*Notitia Dignitatum*）は我々にローマ軍の高位の司令官と各軍の最高司令官が指揮した軍団〔歩兵隊や騎兵隊など〕のリストを伝えている。この行政文書は、途中で改訂されながら、ディオクレティアヌスの時代から五世紀初頭にかけて、いくつかの段階を経て書かれている。ところで、この文書において、多くの「ローマ人」が蛮族の民族名で示されていることが確認される。そのいくつかはパンノニア族など前期ローマ帝国時代にさかのぼる。後期ローマ帝国においては、彼らの駐屯地でも出身属州でも徴兵が行われていた。しかし、ほかの集団はフランク族、アラマン族、サクソン族、ゴート族といった新しい名前も掲げていた。それゆえ、あるとき、これらの民族は帝国に軍隊を供給していたことになる。もっともその徴兵の順番や期間は明らかになっていない。

2 個人の輝かしいキャリア

四世紀において、ローマ軍に統合された蛮族の族長は、我々の史料で依然として「将校」〔*officiarius*〕と記されている。このことは、将校が帝国の序列に位置づけられていたことを示している。それに対して、五世紀に、彼らは「王」〔*rex*〕の地位を得た。彼らの「王」という肩書きは、権威を客観的に裏付けるものとしては決定的と思われていたに違いない。しかし、その実態は変わらなかった。

蛮族出身の多くの将軍は、きわめて迅速にローマ軍の権威ある地位についた。この新参者たちは皇帝に気にいられた。なぜなら、彼らは完全に皇帝の支持に頼っており、ローマの古くからの家系のメンバーほど陰謀に長けていなかったからだ。さらに彼らは、簒奪者を支持することこそ自由だったが、自分自身の帝位を主張することはできなかった。西方においては、高位の軍人はとりわけフランク族に多かった。それはおそらく、四世紀から五世紀においてフランク族は統一性を欠いていたために、ほぼ危険でないとされた民族だったからである。たとえばフランク人フラウィウス・バウトは、三八〇年から三八五年にかけて、西の皇帝グラティアヌス、ウァレンティニアヌス二世、テオドシウスのもと、二つの軍隊〔歩兵隊と騎兵隊〕の指揮官（すなわち最高司令官、*magister utriusque militiae*）を務めた〔原書誤記と思われる。歴史上の事実は総司令官 *magister militum* だった〕。彼は三八五年に執政官〔*consul*〕になった。彼の唯一の娘アエリア・エウドキアはコンスタンティノープルに赴き、三九五年に皇帝アルカディウスと結婚した。フランク人フラウィウス・メロバウデスは、四四三年に最高司令官になった。

あらゆる「帝国の蛮族」でもっとも輝かしかったのはおそらくスティリコである。彼はローマに仕えるヴァンダル族の将軍の息子で、西方において実権を一時的に掌握さえした。三九四年から四〇八年にかけて西ローマ帝国で最高司令官となり、皇帝テオドシウスの姪にして養女であるセレナと結婚した。テオドシウスの死後、三九五年にスティリコはテオドシウスの次男ホノリウスの後見人となり、四〇〇年と四〇五年の二度にわたり執政官の称号を獲得するなど、多数の栄誉を得た。彼の娘マリアは皇帝ホノリウスと結婚した。

3 一時的な反蛮族的な反乱

かくして帝国は、ローマの徴兵制を一度たりとも放棄することなく、境域を守るために蛮族に助けを求めた。ところでその軍隊は、ディオクレティアヌス帝が効率性を高めた重税によって維持されていた。こうした状況で、市民は時折、費用がかかってほとんど信頼できない蛮族集団に対して、武力でもって反乱を起こした。こうした反蛮族的な反乱はとりわけ四世紀および五世紀頃に一時的に生じた。たとえば四〇〇年七月に、コンスタンティノープルの人びとはゴート族と彼らの将軍で、皇帝アルカディウスの総司令官でもあるガイナスに対して蜂起した。この運動は、蛮族が東方のローマ人によって異端とみなされていただけに、ますます激しくなった。

我々が反乱をその鎮圧によってしか知ることができないにしても、蛮族の数人の主要人物について〔物書きが〕見聞きした情報が、衝突の荒々しさの痕跡を伝えている。たとえば将軍スティリコは一部の著述家たちによって、敬虔さ、さまざまな蛮族軍に対して収めてきた勝利の規模、そして彼の政治的戦略の精巧さを賞賛されている。他方、蛮族の兄弟との間に締結した取り決めの恩恵に浴して、スティリコが皇帝ホノリウスを失脚させようと取りはからったことを非難する者もある。たとえば、彼が四〇八年に暗殺された後、その反逆の根拠として筆頭に挙げられたのは、スティリコの出自がヴァンダル族だったことである。

しかし、この激しい論争を説明づけるのは〔もっぱら〕、敵対者の信頼を失わせるためにあらゆる議論を用いる準備がある、ライバル党派間の衝突である。実際、蛮族の拒絶は帝国の頂点においてはきわめてまれだったように思われる。ローマ文化や高貴な貴族階級の規則を取りいれたという事実が、その民族的起源がなんであれ、個々人を完全にローマ人にした。皇帝たちは、テオドシウスの二人の息子〔アルカディウスとホノリウス〕がそうであったように、後継者を残すために蛮族出身の女性を娶ることをいとわなかった。

第三章　定住の形態

四世紀末から、帝国内に居住した蛮族の境遇は急速に変化した。個人の傭兵は、組織化された集団と交わされた取り決め制度にとって代わられて衰退した。同時に、蛮族たちの帝国領域内への入植が強化され、また安定した。属州において、蛮族の存在は一時的な状況とみなされなくなり、新しい地政学的情勢となった。

I　対立関係の突然の悪化

1　アドリアノープルの戦い（三七八年）

三七六年、ゴート族の二つの集団であるテルヴィンギとグルツンギがドナウ川から帝国に入る意向を表明した。彼らはその地で、四世紀中頃から黒海北部で新たな権力を構成していたフン族に服従する以外の選択肢を探しもとめていた。フン族は実際、すでに近隣のアラン族を服従させていて、ますます脅威となっていた。アンミアヌス・マルケリヌスによれば、ゴート族は、彼らの王ウィティメルの戦死を機に、ローマの保護を求めることを決意したようである。

ゴート族は、帝国内に入る権利と引きかえに、ローマ法に服することを約束した。ウァレンス帝はこの提案を好機と捉えた。なぜなら、彼が準備していたペルシア人に対する大規模な攻勢は、勇敢な戦闘員を必要としていたからである。彼はテルヴィンギに入国を認めたもののグルツンギには認めなかったが、その理由はわかっていない。こうして、ローマ帝国に敗北も服従もしていない、蛮族からなる集団——テルヴィンギは、その後衛部隊の規模から窺われるように、数万の戦闘員を擁していた——が、はじめてローマ領に定住した。

帝国のルールに反して、ギリシア北部に宿営していたゴート族は武装解除をしていなかった。ところで、この部族の管理を請け負っていた官吏は権力濫用を繰り返していた。ゴート族の食糧を横領したり、彼らの子供を奴隷として売ったり、といった具合だった。三七七年、ゴート族の族長フリティゲルンはテルヴィンギを率いて反乱を起こした。リーメスの外側のグルツンギも協力に応じた。主にゴート族からなるトラキアのローマ軍のいくつかのユニットは、まさに属州の圧政を受けた人びと、奴隷、捕虜と合流して反乱に参加した。この雑多な力はフリティゲルンの指導の下、「ゴート」族の強力な武力を構成した。

ヴァレンス帝は、甥グラティアヌスが導いた増援に期待せず、反乱者の鎮圧に向かった。三七八年八月九日、アドリアノープル〔現エディルネ〕で戦いが起こった。そしてローマ軍の大敗に終わった。〔ローマ人にとって〕その衝撃は大きかったが、最後まで交渉を試みたフリティゲルンにとってもそうだった。実際、ローマ軍の左翼はあまりに遠くまで進みすぎて、ゴート族に取り囲まれた。一度戦線が途絶えると、歩兵は行動できなくなっていた。ヴァレンス帝自身が戦いで倒れたので、ローマ側の敗北は完全なものだった。ヴァレンス帝の遺体はいまだに発見されていない。その日の午後だけで、帝国軍の三分の二は壊滅した。

アドリアノープルの戦いでの敗戦の精神的衝撃は甚大だった。ローマ人は、キリスト教徒であれ異教徒であれ、それを神の天罰だと考えた。他方、蛮族は、会戦ならば帝国軍と張りあえることを知った。テオドシウスは、三七九年一月にグラティアヌスによって東帝に任命され、遠征軍を再構成したが、彼はゴート族と三八二年に新たな取り決めについて交渉しなければならなかった。ゴート族は帝国の政界において中心的な力となっていた。

2 リーメスの瓦解

アドリアノープル〔の戦い〕はローマの不敗神話に終わりを告げた。さらに、帝国の軍事力は打撃を受けた。これによって、境域が容易に通過できるようになった。やがてローマに、三世紀で最悪

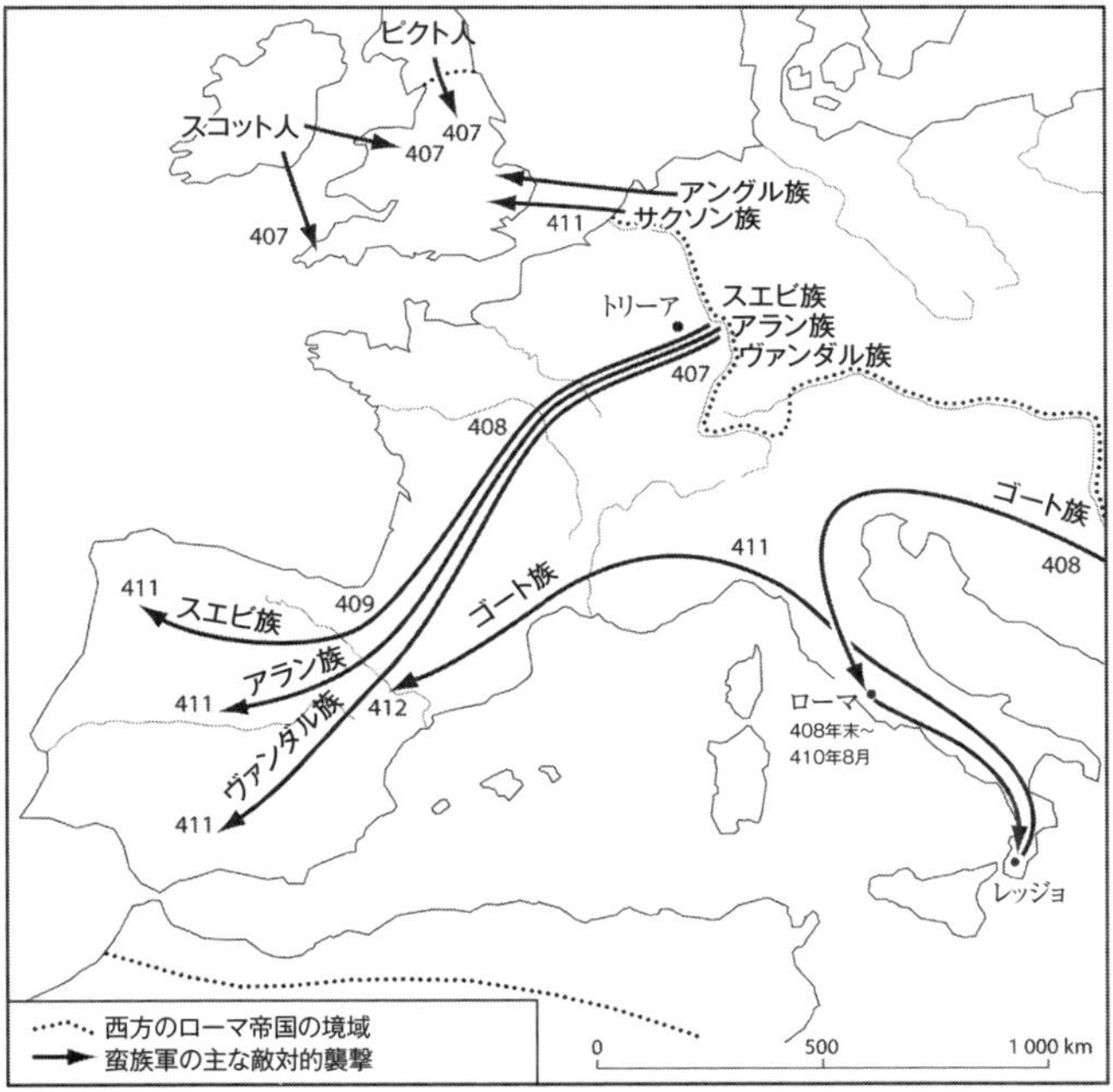

Conception : B. Dumézil, M. Coumert, réalisation : G. Couix, UBO

地図 2　西方における蛮族軍の侵攻（407-411）

だった時期が再来した。この危機はかつて〔「三世紀の危機」のとき〕と同じ様相を呈していた。

実際、三九五年にテオドシウスが亡くなり、帝国が二人の息子アルカディウスとホノリウスの間で分割された後、ローマ世界は政治的に不安定な時期に突入した。ゴート族の族長アラリックはその政治状況を利用して反乱を起こした。彼の軍隊は大規模な長征を成し遂げた。バルカン半島からギリシアへ向かい、徹底的に略奪を行った。三九八年東帝アルカディウスはアラリックを制御するため、彼をイリュリクム東部の総司令官に任命することを受けいれた。ゴート族の族長アラリックは四〇一年にイタリアへと向かい、西帝〔ホノリウス〕に仕える最高司令官スティリコが率いる軍隊と衝突し、アラリックは一時的にダルマティアへの退却を余儀なくされた。四〇五年、ラダガイススという名の族長が、ゴート族の戦士とほかのメンバーを率いて、ドナウ川中流域沿いの境域を越えて、イタリアを襲撃した。彼はフィレンツェの近くで敗北し、四〇六年八月に処刑された。

しかしながらスティリコは、アラリックとラダガイススに対する勝利を収めるため、ライン川境域から撤兵しなければならなかった。おそらくスティリコ軍の撤退の知らせを聞いて、ヴァンダル族、アラン族、スエビ族の集団は四〇六年から四〇七年の冬の間にライン川をわたり、ガリアを襲撃した。ところで、内乱は皇帝権力を麻痺させ、スティリコはアルルからイタリアまでに脅威を与えていた簒奪者コンスタンティヌス三世に対して、軍を投じることを選んだ。ローマ軍はガリア、つづいてイスパニアの略奪を許した。フランク族とサクソン族は同時期に〔ローマ帝国の〕政治的空位に乗じて、ライン川境域の先にまで支配を拡大した。

四〇八年の後、中央権力は、西側のかつてのリーメスを再建するのは不可能だということを理解した。リーメス再建の努力は、まだ救出の希望があるイタリアとガリアに向けられた。ヴァンダル族、スエビ族、アラン族は四〇九年にイスパニアへと移動し、四一一年にはその地を分割して共有するに至った。

3 ローマ略奪（四一〇年）とカルタゴ略奪（四三九年）

それゆえスティリコは、四〇八年八月二十二日に暗殺される前に、〔四〇七年に〕アラリックをイリュリクム西部の総司令官に任命させていた。このゴート王〔アラリック〕はこの新しい任務の遂行に専心したが、その軍隊を養うために貢納金が必要だった。雇い主に圧力をかけるため、アラリックはローマの都市を略奪すると脅しをかけた。交渉が功を奏して、四〇八年と四〇九年に、二つの包囲網が解除された。しかし皇帝ホノリウスは、ラヴェンナに亡命して、最終的には脅迫に服するのを拒んだ。それに対して、四一〇年八月二十四日、アラリックの軍はローマに行って三日間にわたり都市を略奪した〔ローマ略奪〕。しかし、この略奪の間、ゴート族はキリスト教徒だったので、教会や避難していたローマ人の命をいたわった。ゴート族はやがてアラリックの支配下に入り、彼はたくさんの捕虜を奪った。その中に皇帝の異母妹、ガッラ・プラチディアも含まれていた。

政治的、軍事的には、この事件はほとんど影響力を持たなかった。アラリックはローマに侵入した数か月後に亡くなり、彼の後継者アタウルフは帝国と四一四年に和解した。こうしてゴート族はほぼ通常の同盟軍に戻った。すなわち、彼らはイタリアを立ちさってガリアに赴き、その地でホノリウスのために蛮族、バガウダエ、簒奪者たちと戦うことを受けいれた。この間、ローマの都市では急速に建築物が復旧された。しかし、都市の崩壊は地中海世界全体に集団的トラウマを引きおこした。ベツレヘムの聖ヒエロニムスは次のように嘆いた。「全世界を征服したこの都市が征服された」〔書簡一二七〕。

数々の災難が帝国に訪れたことは確かであった。ヴァンダル族はイスパニアに定住して、航海の技術を習得した。彼らは実際、西ローマ帝国の属州でもっとも豊かでもっとも人口が多い地であるアフリカを略奪しようと夢見ていた。ヴァンダル族の王ガイセリックは四二九年に攻撃を始め、十年後、首都カルタゴを占領した〔カルタゴ略奪〕。政治的、経済的には、ローマ帝国にとってアフリカの喪失は、ローマ略奪よりもはるかに重大な惨事であった。

II　同盟軍の時代

度重なる危機に直面して、ローマは正規軍の不足を埋めるために、蛮族を集めるという昔ながらの方法に再び頼った。しかしこのとき、帝国は新参者に定住という条件を課すことは、もはや必ずしもできなかった。

1　ゴート族での実験

三七六年、ゴート族は帝国に入るためにフォエドゥスと呼ばれる取り決めを交わした。彼らはこうしてローマの同盟者、すなわち同盟軍になった。トラキアのゴート族が反逆して軍事的勝利を収めた後、三八二年皇帝テオドシウスによって彼らとの間で二度目の取り決めが交わされた。その取り決めでは、蛮族は自分たちの族長を持つ権利と自治権を与えられたが、割り当てられた境域の地域を確実に保護し、皇帝〔テオドシウス〕に軍隊を供給することが求められた。この新たな要素はローマ軍における奉仕という形で取りいれられ、後に独自の一個部隊となって完成した。ゴート族集団の完全な自治に皇帝が口を挟むことはなかった。さらにゴート族は特権的な法的地位を享受し、ローマ市民権を獲得するに至った可能性すらある。

反乱や交渉を受けて、似たような合意が交わされた。四一八年、皇帝ホノリウスがアタウルフの後継者であるゴート族の王ワリアと交わした取り決めは、依然として蛮族にとって有利なものだった。この取り決めの文面は、ゴート族のローマの属州アキタニアにおける永続的で決定的な定住を、はじめて視野に入れた。四一八年のこの取り決めは、帝国領内におけるはじめての蛮族王国の誕生を認めた法令と考えられている。この王国は後に西ゴート王国の名前を冠することになった。彼らの後の王テオドリック一世(四一八―四五一年)はもはや帝国の官吏としてではなく、皇帝への忠誠を誓いながらも自治的な族長として振る舞った。

2 システムの一般化

四一八年の後、ますます多くの軍隊の隊長がゴート族の戦略を模倣した。彼らは蛮族の王を名乗ろうと、ローマ人の将軍を名乗ろうと、軍隊を導き、皇帝に対して個人的忠誠を示しながらも、帝国の行政構造と無関係に、帝国の領域を統治したのである。

やがて、ローマに仕える蛮族の大部分は同盟軍になった。たとえばパンノニアを支配していたアラン族、ゴート族、フン族は、五世紀初頭にフォエドゥスを受けいれた。他方ライン川の境域地域は、大部分がフランク族からなる地方の蛮族軍に任されていた。最後に、五世紀後半に、ドナウ川上流の境域はしだいにルーギ族とアラマン族に割譲されたようである。

ローマ権力は、可能な限りフォエドゥスの主導権を保とうとした。たとえば、四四〇年、ガリアの軍事総督である最高司令官アエティウスは、ローヌ渓谷の中流域の人が住んでいないとされた地にアラン族の集団を定住させることを決めた。四四二年、地方の土地所有者から反対されたものの、彼はアラン族のほかの集団をアルモリカに宿営させた。この二つの事例において、同盟軍はガリアの防衛の決定的なシステムにも、バガウダエの反乱の鎮圧にも貢献していた。他方、四四三年、ブルグンド族はジュネーヴ北部のサパウディアに定住した。この取り決めが四五六年、一部の地域で更新されたことによって、ガリアのセナトール貴族はマヨリアヌス帝からブルグンド族を守ろうとした。

3 最後のローマ将軍の蛮族化

五世紀において、ローマ帝国の指導者が根本的に変わるにつれて、ローマの地における蛮族王国の入植は影響を及ぼさなくなった。三九五年から、テオドシウス一世の二人の息子のうちの弟〔ホノリウス〕は、蛮族出身の兵士が権力に接近するのを優遇した。この昇進はやがて婚姻関係によって強化された。たとえばホノリウスはヴァンダル族出身のスティリコの娘を娶って、ホノリウスの兄にあたるアルカディウスはフランク人〔フラウィウス・〕バウトの娘〔アエリア・エウドキア〕と結婚した。他方、蛮族が似たような戦略を発展させていたのも事実である。ゴート王アタウルフが四一四年にホノリウスの異母妹ガッラ・プラチディアを娶ったのである。もしこの二人から生まれた息子が〔幼児のうちに亡くなることなく〕生きていれば、彼はホノリウスとより近い親戚だったという理由で西ローマ帝国への支配権を要求することもできたかもしれない。彼は両親からテオドシウスの名前さえ授かっていたのである。

実際、皇帝に仕える有力な将軍の民族的起源は今やほとんど考慮されなくなっていた。さらに、彼らの軍隊は大部分が同盟軍から構成されていた。このことは、現実の軍事司令が蛮族の王の意思に依存していたことを示している。蛮族の王たちは、ときとして皇帝の任命と解任を決定する権力を有していた。たとえばゴート族の王アラリックとアタウルフは、帝位要求者プリスクス・アッタルスを四〇九年から四一〇年、また四一四年から四一五年に支持した〔この時期、彼はホノリウスの対立皇帝に擁立された〕。

四一〇年の後、皇帝はたしかに輝かしい最高司令官フラウィウス・コンスタンティウス〔コンスタンティウス三世〕に頼っていたかもしれない。彼はローマ略奪によって信用を失った中央権力を再建しようとしていた。しかし彼は四二一年に亡くなり、四二三年のホノリウスの死は新たな内乱の幕開けとなった。若年極まるウァレンティニアヌス三世の名の下に権力を獲得するため、三人の将軍〔フラウィウス・フェリックス、ボニファティウス、アエティウス〕が十年間対立した。戦乱を逃れたアエティウスはしばしば「最後のローマ人」と評されるが、彼の先祖は間違いなく蛮族であった。彼の目標は控えめにも、イタリアを掌握し、ガリア地域を支配することだった。このために、彼はブルグンド族を四三六年から四三七年に攻撃し、反乱を起こしたゴート族を四三九年に平定し、四四五年にフランク族と戦った。しかしこの明らかな帝権の復活はフン族の協力者の支持のうえに成り立っていて、アエティウスはそれをふんだんに活用していた。四四八年の後、フン族のほうが自らの利益のために帝国と戦うことを決めた。

4 フォエドゥスの成功に否定の余地はない――カタラウヌムの戦い

四世紀末、フン族は依然として数人の族長の間で共有されていて、ローマ世界への短期間の遠征しか行わなかった。たとえば三九七年から三九八年において、フン族のいくつかの集団（おそらくほかの蛮族と比べても放浪しておらずアジア的でもなかった）はコーカサスを通り過ぎてアルメニア、カッパドキア、シリア、アンティオキアにまで襲撃を行っていた。四〇八年、フン族とスキール族を導いた族長ウルディンは、ダキアへの短期遠征さえ試みたが、敗北した。四二〇年代、フン族の権力の中心地はドナウ川中流域へと移り、五世紀中頃まで、フン族は帝国に同盟軍として仕えた。彼らは特に将軍アエティウスの軍隊の大部分を占めていた。とはいえ、帝国から新たな貢納金を交渉するため、定常的に平然と反乱を起こしていた。

四四〇年代の終わりに、フン族の専制権が強化され、ほかの民族集団（とりわけゲピド族と一部のゴート族）を服従させることによって、アッティラ王のより攻撃的な外交が可能となった。四五一年、フン族はガリアを襲撃した。ローマ帝国はこれに対抗して同盟を瓦解させる方法をとった。たとえばアエティウスは、フン族の協力の下で戦っているすべての部族、とりわけフランク族、アキタニアのゴート族、アラマン族、ブルグンド族を彼の下に統一した。この連合軍は四五一年六月のカタラウヌムの戦いでフン族を破ることに成功した。

この敗北につづいて四五三年にアッティラが亡くなり、その後、息子〔エラク、デンギジック、エルナック〕間で内乱が起こり、フン族の権力は急速に崩壊した。ゲピド族やゴート族といった〔フン族に〕服従していた部族が再び独立した。他方、ローマ帝国側からすれば、フォエドゥスのシステムが、外敵〔フン族〕の侵入に直面しても平和な状態を再建する力を持っていることが証明された。こうして、カタラウヌムの戦いは帝権と帝国領に確立した蛮族集団の大部分との間に、新たな協力関係への道を開いたようである。

しかしこの勝利は〔ローマ皇帝に〕誤った幻想を与えた。ウァレンティニアヌス三世は、有力な将軍の保護がなくても以後統治できると思った。彼は、アエティウスを四五四年九月に彼自身の手で暗殺した。しかし皇帝は軍隊を統制できず、ウァレンティニアヌス三世自身が、四五五年三月に暗殺されるに至った。他方、属州の住民は、おそらく自分の領域にいる同盟軍に行き過ぎた期待をかけていた。たとえば四五五年、ガロ・ローマ人のセナトール貴族は、アキタニアのゴート族やブルグンド族の支持の下、仲間のひとりであるアウィトゥスに帝位を授けた。しかしその簒奪は帝国の新しい最高司令官リキメルによって打ちくだかれた。

Ⅲ　歓待の対価

忠実であろうとなかろうと、有能であろうとなかろうと、同盟軍は西方属州の大部分を支配した。これらの人びとは、ときにきわめて遠くからやってきており、戦争の技術しか持たなかった。それゆえ帝国は彼らに住まいと食糧を与える必要があった。帝国は彼らに費用をかけなければならなかった。もっとも歴史家の間で蛮族の定住の実際的形態に関する意見は割れている。

1　よく知られていない原初的システム

五世紀に、ゴート族および帝国領に定住していたその他の民族は、ホスピタリタス（*hospitalitas*）、すなわち属州住民に課せられた短期滞在の兵士を維持する法的義務を享受することができた。都市では、この制度は、「客人」と「主人」の間で個人所有の住居が一時的に共有される形で具現した。しかし、軍人の悪弊に不平をこぼす属州民の抗議があったことは、ローマ法から窺い知ることができる。

他方、宿泊に関するこの法が地方全体に広まっていたかどうかはわからない。ウォルター・ゴッファートやジャン・デュリアなどの一部の学者は、地方での歓待は存在したと考えており、国庫財源を基礎に資源が分割されていたことを示唆している。すなわち彼らによれば、兵士たちは私有地の半分を享受していたというより、土地税の半分を受けとっていた。このシステムは同盟軍の宿営のために再利用された、という。

ほかの専門家の大部分は依然として懐疑的立場を取っている。彼らは、蛮族、とりわけ四一八年〔アラリックの即位〕以降のアキタニアのゴート族に託された地域の土地はむしろ、効率的に共有されていた、と考えている。実際、同時代の法は退役軍人にとってひじょうに好都合で、無主地は納税の義務を伴わずに彼らに与えられた。少数の蛮族はおそらく退役軍人への同化ができた。このような規定は、蛮族軍を導入しても、地方の土地所有者は総じて反応しなかったことを示している、と専門家たちは考えている。

2 蛮族は土地所有権の獲得へと向かっていたのか

五世紀中頃、帝国はすでにかなり領土を失っていた。ブリタニア、イスパニア、アフリカ、ガリアの一部はもはやローマ権力の傘下に入っていなかった。領土のほかの部分は、フォエドゥスを交わした蛮族に譲渡されていた。これによって、帝国の税収も減少した。しかし、同盟軍が担い手となった再征服は、ローマにもはや利益をもたらさなかった。たとえば、アウィトゥス（四五五—四五六年）

の短い治世の下、テオドリック二世（四五三―四六六年）が率いるアキタニアのゴート族はイスパニアのスエビ族を攻撃した。皇帝の合意に反して彼らは自分自身の利益のために戦った。彼らが勝利によって併合した地域に、ローマの行政・課税システムが再び導入されることはなかった。

四五四年の後、悪徳集団が形成された。領土の喪失によって、帝国の収入は減った。財政を立てなおすためには属州を再征服する必要があった。このために、蛮族が徴募された。しかし、ローマ帝国は彼らに銀で〔賃金を〕支払うことはできず、彼らに新たな領土的譲歩を認めなければならなかった。しかし〔やがては〕帝国の心臓部をも与えることとなった。たとえばゴート族は、アウィトゥスからイスパニアを支配する自由を獲得した後、セウェルス帝（四六一―四六五年）から都市ナルボンヌを、領土とその領土から生みだされる租税とあわせて獲得した。

地方権力の自治権が強大化していったため、ほかの地域も同様に皇帝〔の支配下〕から脱落しはじめた。その最たる例がアルモリカである。この地域は五世紀中頃に〔ローマ帝国から〕事実上独立した。

3　属州所有者のさまざまな運命

ローマ帝国が蛮族に託した属州には、明らかにローマ人が住んでいた。五世紀前半に、大土地所有者は、特にイタリアとガリア南部において、社会的、政治的に重要な役割を担いつづけていた。この地の人びとは、秩序と繁栄が戻ってくるならば同盟軍と共存する心構えができていた。

実際、西方の多くの都市は戦争で廃墟となった。マインツ、ストラスブール、ランス、アミアンはリーメスが崩壊した後の四〇七年に荒廃した。さらに、地方の大規模な反乱バガウダエが帝国の周辺地域にも及んだ。たとえば五世紀前半にガリア北西部やイベリア半島北部が襲われた。これらの反乱は、おそらく最初は財政的なものだったが、おおいに社会的反乱の性格を帯びるようになった。なぜなら反乱者は貴族階級による支配と対抗していたからである。こうした、権力の状態の再調整〔を求める動き〕は、皇帝らによって、とりわけ同盟軍を秩序回復のために用いることによって抑圧された。たとえば四四八年にアルモリカでアラン族が、四四一年と四五四年にイスパニア北部でゴート族が、この方法で鎮圧された。

その一環として、地方のエリートは同盟軍と協力することによって利益が得られることをすぐに理解した。四一〇年代ガリアで、大土地所有者の一部がゴート族のアタウルフを支持することに合意した。彼の軍隊は平和と安全をもたらしていたのである。ほかの地域でも地方のエリートが彼らの保護を引き受けていた。たとえばブリタニアでは四一〇年頃に有力者たちが蛮族の傭兵を雇った。

また、帝国の災難は、ローマ社会とその序列体系の崩壊を意味したわけではなかった。比較的保護された地域では、家屋建築の目覚ましい発展さえみられた。セナトール貴族の荘園（*villae*）にモザイクや大理石の贅沢な装飾が使われていた。ところで、これらの住居は四世紀末に〔蛮族によって〕占拠されたものの、妨害や干渉を受けたわけではなかった。たとえばアキタニアにおいて、四一八年のゴート族の入植は、貴族階級の生活様式をまったく乱さなかった。同様に、ヴァンダル王国は四三〇年以降アフリカへ拡大したが、その考古学的痕跡は残っていない。

さらに今日では、地方の住居の豪華さが、貴族が田舎へ後退したことの徴候と解釈されることは、もはやない。実際、ローマの貴族は都市にひとつの荘園を、私有地内のあちこちに複数の荘園を持っていた。これによって、エリート特有の半巡行的な生活を営むことが可能になった。六世紀までこの地方住居は都会住居のモデルの最新の流行を取りいれていた。

とはいえ豊かな荘園が不均等に属州全体に分散していたことには注目しておこう。このため、土地所有の構造、社会ピラミッド、蛮族軍の保有の影響には、大きな地域差があった。特に北西ヨーロッパの有力者は困難に直面していたようである。ほかの場所では、有力者が新しい支配的エリートと同盟を結ぶ知恵を得て、社会的優位を維持していた。

IV　独立の獲得に向けて

1　五世紀における帝国の危機の要因

歴史家たちは、帝国の最終的な分裂の原因として、外的要因と内的要因のどちらが相対的に重要だったかを論証するために、議論している。西方における中央権力の変遷は長い間、道徳的衰退によって説明されてきた。それによれば市民意識の長期的衰退が最後の崩壊に至るまで帝国を弱体化したというのだ。〔しかし〕このような見解は四世紀の動態を度外視している。コンスタンティヌス朝の下で、地方経済は豊富な税収を供給しつづけていた。金を基軸とした貨幣制度のおかげで商業が繁栄して、地方のエリートが政府の構造に関与していた。さらに、キリスト教を中心に現実の文化的活力が日の目を見て、帝国のプロパガンダを支持するのにすぐに活用された。これらすべての要素は東方において、その帝国がビザンツ帝国と呼ばれて十五世紀に至るまで、ローマ権力が維持されるのを可能にした。

それゆえ、西ローマ帝国の崩壊の原因は蛮族の側に見出されるべきである。まず、彼らの社会はローマとの接触で変質し、明確に立ち現れた社会階層に依拠していた。これによって、恐るべき軍事力をもった族長の登場が可能になった。三七八年、アドリアノープルの戦いによって、蛮族の王は帝国の軍隊を脅かすのに十分な軍隊を集められることが明らかになった。次に、ローマの反蛮族的なイデオロギーが喧伝者に徐々に不利に働いていったことにも注目しよう。度重なる敗北は、勝利のみが正当性をもたらす体制を根本から揺さぶった。最後に蛮族はローマの内乱を悪化させた。三七六年以降、同盟軍の集団はローマ帝国ではなく、もっぱら個人に対して忠誠を誓ったので、常にもっとも高い額を示す志願者へ身売りした。

他方、蛮族の指導者がローマ化したことで、属州の社会的安定が容易になったといってよい。実際、同盟軍の王は、民族的アイデンティティに基づいた彼らの権力の起源が〔自分たち蛮族側の〕外部にあることを強調しつづけることによって、自分の利益のためにローマの支配形態、とりわけ地方村落の開拓地に対する租税徴収を再び採用した。そのため、〔蛮族の〕君主は〔ローマ〕皇帝にとって深刻なライバルになった。彼らはすでに皇帝から収入を得て巧妙に支持を得ていたのである。さらに、帝権が信頼を損なうにつれて、ローマのエリートにとって蛮族の魅力は増していった。ところで、同盟軍の存在は地方有力者に〔キャリアのうえで〕現実的な機会を与えた。五世紀に、属州のセナトール貴族はローマの行政においてキャリアを積んでいくことがますます珍しくなった。四六〇年代から、彼らセナトール貴族たちが、助言者という身分で蛮族の王の奉仕に従事するようになるのが確認される。

しかし、五世紀の危機の中心的な要因は、帝国財政の低迷だったように思われる。同盟軍に託された領域からの帝国収入を再建することができず、歴代皇帝、とりわけマヨリアヌス（四五七―四六一年）とアンテミウス（四六七―四七二年）はアフリカを征服しようと努めた。ヴァンダル族が自分たちの存在を合法化する実効的なフォエドゥスを使わなかったので、政治的には、〔征服に成功していれば〕この作戦は評判をとったことだろう。より現実的な話しとしては、この繁栄している属州を奪回すれば財政上の処分権がローマに帰ってきたことだろう。〔しかし〕結果的には、四六〇年と四六八年の遠征に失敗し、西ローマ帝国は終末を迎えた。帝国には権力の再建のために必要な蛮族軍の維持の対価を支払うだけの十分な資源がなかった。さらに東方の皇帝はますますローマへの関心を失っており、西ローマ帝国の生存のために財政支援する準備が東方の皇帝になかったことも付け加えておこう。

2 帝国の晩年

四五五年にテオドシウスの最後の子孫ウァレンティニアヌス三世が亡くなった後、皇帝の称号はその権威の大半を失った。権力は将軍の手中に落ちた。将軍たちは帝国軍の党派を指導し、しばしば文官の支持なしにいくつかの属州を支配した。たとえばイタリア軍は、スエビ族とゴート族出身の蛮族である将軍リキメルに服従した。リキメルは皇帝マヨリアヌス（四五七―四六一年）、セウェルス（四六一―四六五年）、アンテミウス（四六七―四七二年）の下で戦ったことが確認されるが、彼はためらいもなしに、〔ローマ帝国の〕君主なしで統治し、自分の妨害をする者たちを解任した。四七二年にリキメルが亡くなったときも、彼は自分の甥グンドバットに軍事上の権力を委託することさえできた。もっとも四七四年の後、グンドバットはリキメルから相続したローヌ地方のブルグンド王国で満足した。

この時代、蛮族の諸王国は総じてローマ軍を犠牲にして自由に拡大していった。たとえばヴァンダル族はアフリカ属州全体、さらに地中海の島々を併合した。彼らは四五五年、ローマに壊滅的な襲撃さえ行った。さらに、四七四年に東帝国が西帝国の破綻を把握したとき、ヴァンダル族との間に個別の和平を結んだ。

四六八年の後、アキタニアのゴート族の王エウリックもまた完全に独立して振る舞った。彼は領域を自らの支配下に収めるためにガリアとイスパニアで一連の攻撃を行った。そのとき、彼はもはや帝国の合意を求めることはなかった。ガロ・ローマ貴族はエウリックに服従しつづけた。もっともシドニウス・アポリナリスのように、これ以上ローマに頼れないことを受容しなければならなくなる四七〇年代半ばの到来を、悲観的に捉える者もいた。

イタリアの軍団は、ローマの中心的権力を認める最後の軍団だった。四七五年、イタリアの将軍オレステスは自らの息子ロムルス・アウグストゥルスを西皇帝だと宣言した。しかしオレステスはその軍団の維持を保証する十分な財源を持ちあわせておらず、最終的に彼のライバルであるオドアケルに暗殺された。オドアケルはロムルス・アウグストゥルスを四七六年九月四日に廃位し、コンスタンティノープルに使者を送り、東帝〔ゼノン〕に、イタリアに対する自分の権力を確認させようとした。オドアケルの使者は、西帝国に皇帝がいても無益であると述べ、ローマ世界の再統一の証としてビザンツ帝国に皇帝の権標を返上した。

その後イタリア軍は民事上、軍事上の権力をあわせて掌握した。もっとも、イタリア軍は長い間それらの権力を事実上行使していたのだったが。他方オドアケルはレークス・ゲンティウム（*rex gentium*,「人民の王」）の称号を得た。このことは、彼の権力がさまざまな民族集団に支持されていたことをよく表している。実際、彼は四九三年三月に亡くなるまでイタリアを支配していた。

四七六年の〔西ローマ帝国が滅亡する〕その日は、六世紀以降、重要な日だと考えられた。コンスタンティノープルでマルケリヌス・コメスが五一八年から五一九年に著した『年代記』は、ロムルス・アウグストゥルスを西ローマ帝国の転落と結びつけた最初の著作である。にもかかわらず、その後の史料にこの出来事が描かれることはほとんどない。このことは、〔このローマ帝国滅亡という出来事が〕比較的無関心な事柄へと転落したことを示している。ローマ帝国滅亡への反応は、四一〇年のローマ略奪、それどころか四五四年のアエティウスの死が喚起した不安も比較にならぬほどなのだ。マルケリヌス・コメスは、これらの事件の方を西ローマ帝国滅亡の原因とみなした。たしかに四七六年の時点で、皇帝は十数年間、西方における政治的指導者とみなされなくなっていた。蛮族が、将軍であれ同盟軍の王であれ、その座を奪っていたのである。

第四章　五世紀における蛮族文化

蛮族文化は、ローマ帝国との接触が増したことで、物的にもイデオロギー的にも大きく変化した。それと並行して、三世紀以来、ローマ人の生活様式も大きく変化した。二つの世界がますます歩み寄っていったのである。たしかに文学的著作の大半は依然として、文明と野蛮の間の正面衝突というモデルを提示しているが、生活実態に関わる資料は、これらが混交した社会が出現したことを証言している。

I　考古学的視点

研究者にとって不幸なことに、五世紀を通じて放浪していた蛮族は文字史料をいっさい残さなかった。〔とはいえ〕不幸中の幸いにも彼らは「装飾」を施した埋葬を行っていた。すなわち衣服と装飾品が死者の近くに埋まっていたのである。それぞれの墓が示しているのは、日常生活の現実ではなく、むしろ死者とともに儀式的に物品を埋めることを通じて、家族が死者に託そうとした理想である。埋葬考古学はこのように表象の歴史を可能にしている。

1　戦争の優位性――武具

蛮族の埋葬儀礼でもっとも注目に値する要素は、男性の墓にほぼ例外なく武具が埋葬されていることである。実際、生者であれ死者であれ、あらゆる自由人男性はなによりもまず戦士としての地位によって規定されていた。

技術的には、蛮族の装飾は、〔蛮族の〕伝統とゲルマーニア、ローマ、ステップの世界に由来する技術の融合のたまものだった。この交流の中心地のひとつはドナウ平原だったようである。複数の影響の交差点に位置していたからだ。五世紀中頃から、西方において、高度な技術のみならず高度な装飾美を示す武具が広まった。これらは武具の所有者の裕福さを顕示することができた。

蛮族の戦士はなによりもまず、二つの刃を備えた長剣スパタの所持によって認識されており、歩兵も騎手もそれを利用していた。この長剣は、民族、年代、利用可能な物質によって若干の差異を示していた。フランク族の剣はもっとも注目に値するもののひとつで、剣の芯はしなやかな鉄でできていて、硬い刃は鍛接によって補強されていた。もっとも美しいモデルはダマスクの技術を用いており、さまざまな質の鉄の帯が互い違いに編まれており、洗練された頑丈さを備えていた。

蛮族の攻撃用のほかの装備はさまざまである。ほぼすべての戦闘員は、先端が鉄でできた接近戦用あるいは投擲用の槍と、イチイまたはモミ製の大きな弓を持っていた。蛮族はまた刃がひとつだけの「スクラマサクス」と呼ばれる短剣も操り、家庭用の用途でも用いていた。五世紀後半に、いくつかの独特な武具が生まれた。たとえば、「フランシスク」と呼ばれる投擲用の斧が広まりはじめた。また、一部の戦士は金属でほぼ完全に覆われた「アンゴン」という槍を使っており、敵の盾に突き刺してバランスを崩させた。

それと比べて、蛮族の防具は最小限にとどまっていたようである。一般に、中心部が金属製の隆起（ウンボと呼ばれる）で補強された木製の盾にとどまっていた。銅鎧や鎖帷子や兜は高価だったので、もっとも豊かな戦闘員しかこれらを使わなかった。総じて蛮族軍は大部分が歩兵からなっていた。中世の重装騎兵への発展を容易にした鐙は六世紀までは知られていなかった。西ゴート族のみが比較的高性能な軽装騎兵を〔それまでに〕発達させていたようである。

2　社会組織

墓の考古学は彼らの戦争に対する嗜好を示すばかりか、高度な社会組織の存在も明らかにしている。五世紀において、蛮族の集団は原初的な遊牧民族の要素をいっさい持ちあわせていない。

たとえば着衣埋葬の慣習は、個人を社会階層の中に位置づけるうえで重要な役割を果たしていた。単なる自由人は槍と斧しかいっしょに埋めてもらえなかった。長剣と盾がいっしょに埋められているならば、その人はより高い社会階層にあったことになる。それらに加えて馬具の一部、さらには馬そのものまで埋まっていたら、その人は「族長」の地位に至ったことになる。最後に、兜や銅鎧が副葬されていたら、その人は高い階層に、ときには王族にさえ所属していたことになる。このように、それぞれの家族は埋葬のときにその人の社会的地位を示していたのであろう。

墓の中に見出されるのは武具にとどまらない。もし死者が裕福であったならば、その遺体は桶、皿、瓶、盃に囲まれて埋葬された。考古学者たちは長きにわたり、これを死者への食糧の供物だと考えてきた。しかし最近の分析によって、これらの容器は埋葬のときはしばしば空の状態になっていたことが明らかになった。それゆえこの豪華な食器は、むしろ取り巻き全員を宴会に列席させることができる族長が、彼らを扶養する役割を担っていたことを顕示するためのものだったと考えられる。いくつかの場合、竪琴や盤上遊戯が棺のそばでみつかる。当時の人びとはこうして死者を真の社会的生活のリーダーとして描き出そうとしていた。珍しくも偽造品の剣が供えられる場合は、それは［その故人の］農地における権力を示していたのかもしれない。

西方の蛮族は一般に都市と居住地から離れた露地に埋められた。「一列状」«à rangée» と呼ばれる西方の墓地では、しばしば族長の墓を起点に墓が一列に並んでいる。このような規則性は集団組織において支配的だった。さらに王たちは、多くの人びとが建設に関与したことを示唆するような独創的な墓に埋められた。もっとも有名な例は、四八一年に亡くなったキルデリック王〔クローヴィスの父〕の墓である。彼の遺体は、彼が持っていたなかでもっとも美しい衣装を身に着けた状態で、巨大な墳丘に埋められていた。彼の遺体の周りには墓穴が整備されていて、そこに人びとが供物の馬の遺体を積み上げていた。以上のような装飾全体はおそらく、フランク王たちの新たな権力を描き出していた。

君主を徹底的に強化するこうした慣習は、蛮族のエリート全体で模倣されたようである。実際四八〇年代から五五〇年代の間に、フランク族とアラマン族の世界で「族長の墓」の様式が広まった。地下には木製の巨大な部屋があり、遺体を入れる棺と豪華な埋葬用家具を守っていた。このような穴蔵を建設するためにかかったと考えられる時間と労働力は、蛮族貴族の社会経済的権力を示している。また、おそらく社会的ストレスのかかる時代において、自分の裕福さと地位を顕示しようという意志をそこに読みとることもできる。実際、族長の墓が消滅したのは六世紀であり、貴族政治が安定した〔権力を補強する必要がなくなった〕のと同時期である。

最後に、墳墓の発掘調査は蛮族における家族的紐帯の重要性を明らかにしている。頻繁に、同じ親戚のメンバーは〔一家の〕創設者である先祖の墓の周りに埋められた状態で発見される。女性は男性と同じくらい豪華な墓を与えられている。このことは、女性が家庭や社会で享受していた地位〔の高さ」を示している。むしろ、高貴なエリートである場合を除いて、幼い子供の墓のほうがまれだった。このような場合、幼い王子は時折、身長に合わせて作られたいくつかの装飾品とともに埋められている。人びとはこの王子を将来の戦士とみなそうとしていたのである。

II　五世紀における蛮族の宗教

考古学が豊富な情報を提供してくれるのに比べて、蛮族文化を喚起する五世紀の記述史料は依然として少なく、不正確だったり、しばしば偏っていたりしている。ローマ人の著述家は大部分がキリスト教徒だったため、彼らの関心の対象は、軍事上の問題以外では、新参の宗教の問題にほぼ限られていた。

1　容易には同定されない異教

五世紀中頃まで、多くの蛮族は依然として異教徒だった。しかし信仰の内容を知るのは難しい。決定的な証拠はないものの、タキトゥスがゲルマン民族の崇拝について十分正確な描写をした一世紀末から、宗教の連続性があったのではないかと推測される。しかし、古代末期において、蛮族の神殿が年代記作者の関心を惹くことはもはやなかった。ローマの思想にもっとも影響力のある行動、たとえば生け贄などだけが、サクソン族やフランク族について単発的に喚起された。ただし、こうしたことが実際に行われていたのか、はたまた単なる中傷なのかはもはや確定できることではない。

視野をもっと広げて見ると、蛮族が信仰した真の宗教を、宗教的な意味合いを含むものであれ、宗教と無縁なものであれ、単なる社会的習俗から区分するのは依然として難しい。たとえば埋葬の様式は、特定の信仰というよりもはるかに、〔宗教と無縁な〕名声の必要性に対応するものである。さらに教会によって全面的に受けいれられた慣習は七世紀末までつづいた。同様に、ヨーロッパ北西部の泥炭層において大量にみつかった拷問にかけられた遺体は、〔異教の〕神々に捧げられた生け贄だった可能性もあるが、その死因は文化的要素とまったく無縁な司法的処刑だった可能性もある。

ゲルマン的異教は、その信仰の内容がなんであれ、特に聖地（泥炭層、砂浜、森林、石）と結びついていたようである。史料は偶像について語っているが、いかなる蛮族の宗教的彫像も同定されない。ただし、もっともローマ化した地域はこの限りでない。アラスはその一例で、男根を備えた〔異教の〕神〔の像〕が帝国軍の蛮族集団の聖地においてみつかっている。

この部族的異教の中で、国王が聖なる事柄の実践において中心的役割を演じていたことは、いくつかの徴候から推測される。たとえば、蛮族の最大の宗教的行事は、君主の墓を取り囲む形で行われていたようである。異教の聖職者はブルグンド族、フリジア族、アングロ・サクソン族において存在したが、彼らはおそらくキリスト教の聖職者を模倣した、ひじょうに原初的な姿をしていた。

このような宗教性は、慣習よりも場所と結びついていたので、人口の移動に対してきわめて脆弱だった。移動する蛮族は容易にキリスト教に魅了された可能性がある。アングロ・サクソン族だけは異教に基づいた新しい国家を再建するのに成功したようで、このことは今日でもブリタニアの南東の地名に見出すことができる。さらに、彼らの〔キリスト教への〕改宗に対する抵抗は、ほかの民族よりも長続きした。

2 「ゲルマン的アリウス派」——区別の戦略

蛮族の歴史上、キリスト教信仰は、きわめて早期に伝来した。たとえば四世紀中頃、ドナウ川流域のゴート族に二つの改宗の波が押し寄せた。第一波は司教にして布教者のウルフィラ（三一一頃生―三八一／三八三年頃没）の著作であった。彼はゴート族のために聖書をゴート語に翻訳し、そのために独自のアルファベットを発明した。第二波は三七六年に族長フリティゲルンの率いるゴート族がローマ帝国に侵入したときと考えられる。フリティゲルンは、ローマを保護する代わりに、ウァレンス帝の宗教に改宗することを受けいれた。

ところでウルフィラもウァレンスも、四世紀中頃に東方で支配的な神学的立場、たとえば三位一体における子の父への軽い服従を主張するホモイオス（相似説）派にくみするキリスト教徒だった。この教義は、カトリック教徒たちがニカイア公会議（三二五年）の伝統に回帰したときに、彼らにより誤って「アリウス派」と呼ばれ、三八〇年代初頭に帝国から排除された。こうしてゴート族は、ローマ起源ながら後にローマ人たちによって異端と非難された、三位一体論をベースとする宗派に対する、ほぼ唯一の執着者となった。この教義はローマ起源だったが、後にローマ人によって異端と非難された。一般にこのようなキリスト教のホモイオス派信仰は「ゲルマン的アリウス派」を信仰する蛮族によってもたらされたといわれる。

ゴート族は教義の独自性を捨てさるよりむしろ、ローマ人からより識別されようとして、五世紀にその独自性を育んだ。実際アリウス派を信奉することによって、ゴート族は帝国教会の序列から独立した聖職者を擁することができた。宗教的差異は、ある意味でゴート族とローマ人間の接触をも制限した。なぜなら、異なる信仰間での会食や結婚は理論上禁じられていたからだ。アリウス派の典礼はさらに、ラテン語話者の環境において消滅する恐れのあったゴート語の学校としても機能した。このように、ゲルマン的アリウス派は蛮族の民族的アイデンティティを支えるものになった。二百年もの間、史料はこの異端をレークス・ゴティカ（*lex Gothica*, ゴート族の法）と呼び、レリギオ・ロマーナ（*religio romana*, ローマ人の宗教）とされたカトリックと対置している。

五世紀前半、アキタニアのゴート族がヨーロッパ西部において支配的な民族になったとき、ほかの多くの民族はアリウス派への改宗という政治的選択を行った。ヴァンダル族、ガリシアのスエビ族、ブルグンド族はその最たる例である。残りのゴート族の大部分もアリウス派へと改宗したが、どのような情勢下でそうしたかはよくわかっていない。また、フランク族の王家の数人のメンバーも同時期に改宗した。五〇〇年、異端は西方の蛮族において概して支配的であったようである。しかし、土着のローマ人たちは異端信者ではなかったので、異端は全人口の中ではきわめて少数派だった。

こうしたことがゲルマン的アリウス派の特色だった。蛮族のアイデンティティを特徴付けるものとして機能しつづけるために、この教義はローマ人に拡散してはならなかった。結果として、〔蛮族の〕王たちやアリウス派の聖職者はいっさいの宣伝熱を示していない。さらに、カトリックの司教はおそらく、ゲルマン的アリウス派は信仰ではなく「慣習」、すなわち彼らの独自な要素だと当然のように考えていた。

カトリックとゲルマン的アリウス派との間でただ一度だけ生じた激突の舞台は、アフリカだった。ヴァンダル族は土着の人びとを自分たちの宗教へ改宗させようとした。この迫害は依然として解釈が困難である。その迫害は、〔ヴァンダル族の〕侵入に対する抵抗をリードし、つづいてローマの権力による属州の再征服を祈った聖職者団に向けられていた。おそらくヴァンダル族は、ちょうどローマ帝国がカトリックを軸に臣民を統一したのと同じように、アリウス派に基づいて臣民を宗教的に再統合しようとしていた。

3 すでにカトリック教徒がたくさんいた

とはいえ、蛮族におけるアリウス派の成功は普遍的なものとは考えられなかっただろう。五世紀において、ローマに保護されようとしたいくつかの小民族は、皇帝の宗教に改宗しつづけた。その信仰はもはやホモイオス派ではなく、ニカイア公会議で正統とされたカトリックだった。

東方における〔宗教的状況に関する〕証言は大変多いが、西方における事情は依然としてよく知られていない。四三〇年頃、ヴォルムス周辺に定住していたブルグンド族の同盟軍がカトリックに改宗したことは知られている。彼らは将軍アエティウスを丸めこみ、フン族から身を守る手助けをさせたようである。レキアリウス王（四四八―四五六年）統治下のスエビ族もまたニカイア信仰を選び、イスパニアにおいて〔政情を〕安定させるためにウァレンティニアヌス三世の援助を得ようとしていた。同様に、パンノニアのほかの蛮族から帝国を保護する必要に駆られていたとき、プロコピオス〔・アンテミウス〕〔西ローマ皇帝〕は五世紀末にランゴバルド族にカトリックを認めた。しかし、これらすべての民族は期待を裏切られたため、西ゴート族の支持を得るためにアリウス派へと改宗していったことは注目しなければならない。

とはいえ蛮族の信仰が頻繁に変わったことは過大評価されてはならない。我々の史料が民族の改宗が行われたことを想起させるとしても、それはしばしば宗教的というより政治的行為というべき君主の洗礼にすぎない。同様に個人のカトリックへの改宗も、エリートのメンバーに関する言及が中心のようである。たとえばガリアにおいて、フランク族貴族やブルグンド族が洗礼されたことが知られているが、彼らはローマ人エリートともっとも接触している階級に属していたのである。

ヴァンダル王国を例外として、蛮族の指導者は臣民にニカイア信仰への移行を一度も禁じなかった。改宗者は実際、自分自身が有用な存在だったことを把握していた。たとえば、東ゴートのテオドリック大王の母〔エレレウヴァ〕はカトリック信者だったので、テオドリックとローマ教皇の仲介役となった。

III 相互的な文化受容の形態

アリウス派への、つづいてカトリックへの蛮族たちの改宗は、ローマ文明への適応の一形態とみなすことができる。この改宗は、人びとの共存によって、また北部の民族の地中海的生活様式への嗜好によって促進された。他方、蛮族がローマ世界に与えた影響は、無視しえるものではなかったにせよ、依然として確認しづらいものだった。

1　混合結婚、偵察の仲介

ローマ法と蛮族の慣習は、異なる地位の人間同士が結婚することを厳しく禁止していた。ましてや異なる民族同士の結婚は論外だった。しかし、この禁止事項は五世紀に繰り返し喚起されていたので、この慣習は拡散していたと考えることができる。

ローマ人と蛮族の間の族外婚の現象は、高位高官においてもっとも容易に見出すことができる。たとえば三八四年、ヴァンダル族の将軍スティリコはテオドシウス一世の姪セレナと結婚した。その後、彼らの間の二人の娘〔長女マリアと次女テルマンティア〕はたてつづけに皇帝ホノリウスと結ばれた。同様に三九五年、フランク族の将軍〔フラウィウス・〕バウトの娘〔アエリア・エウドキア〕は皇帝アルカディウスと結婚し、その息子にかの偉大なテオドシウス二世が生まれた。他方、テオドシウス一世の娘ガッラ・プラチディアは、ゴート族の王アタウルフと最初の結婚をした。アタウルフはローマを獲得したときに彼女を誘拐していたのだった。五世紀中頃、指導的階級の間での混血が顕著になった。たとえば、スエビ族の王〔ヘルメリック〕の王子〔レキラ〕とゴート族の王女〔初代西ゴート王ワリアの娘〕の間の息子でパトリキオス位だったリキメルは、ブルグンド王〔グンドバット〕の伯父であり、またローマ皇帝〔アンテミウス〕の娘〔アリピア〕の夫でもあった。

もう少し低い地位では、ローマ人側の家族が身内の〔蛮族との〕結婚に打ち解けない様子で接し、慎重な姿勢を崩さなかった。長きにわたり、ローマのセナトール貴族のメンバーは蛮族を婿に迎えることを受けいれなかった。それとは逆に、ときに自分の名声を犠牲にして地位を守ることを狙った数々の混合結婚が、ガリアの町のエリート層にみられる。たとえば五世紀末に、聖ジュヌヴィエーヴはローマ人と蛮族の両方のルーツを持っていることを利用して、パリの都市を守った。

多くの場合、族外婚は蛮族の男性とローマ人女性の間でなされた。それは夫より妻のほうが地位の高い軽度の下降婚だった。このことは、一般に女性が名前、宗教、その子孫のキャリアの選択において自分の意思を押しつけていたことを示している。族外婚で生まれた子供は法的に蛮族とみなされることになっていた。しかし大衆の意見はさまざまだったかもしれない。たとえば、将軍アルボガストは三九〇年代にフランク族とみなされていたが、彼の同名の子孫アルボガスト長官は、四七〇年代にローマ人とみなされている。同様に、皇帝テオドシウス二世の多くの祖先がリーメスの外側で生まれていた「テオドシウスの民族的出自が蛮族だった」からといって、彼をゲルマン人だと非難しようとする者はいなかっただろう。

2　ローマ文明の継続的な名声

蛮族がローマ人女性ともしばしば結婚していたのはおそらく、魅力的と思われたローマ帝国の文明をより取りいれようとしていたからである。この魅力こそが、五世紀に深い文化受容があったことを説明している。それについては、いくつかの側面を喚起すれば十分である。

まず、ローマ軍として奉仕した蛮族は〔ローマ式の〕地位や権威に興味を示していた。高位のエリートに所属したばかりの蛮族たちはときに、自分たちが普遍的な階級制度によって位置づけられており、また認められていると判断している。たとえば五世紀初頭に、ハリウルフというブルグンド人は、コンスタンティヌス帝が創設したプロテクトレス・ドメスティキ（*Protectores Domestici*）というエリート集団に所属していることを強調する碑文を受けとった。このテキストは我々にハリウルフがブルグンド族の王家にも連なっていたことを伝えているが、このことは副次的意味を持つにすぎない。〔むしろそのような記述がある〕結果として、兵卒たちにとってはアイデンティティの妨害となった。たとえばラインラントのとある勇敢な戦士は碑文で次のように述べている。「私はフランク族の市民（原文ママ）だが軍隊においてはローマ人だ」。

帝国が提示する栄誉に加えて、帝国は洗練された物質文明によって常に蛮族の心を捉えていた。蛮族は、古い建築物がそれほど荒廃していない地においては、元々ローマ人が使っていたが今では使われなくなったか、軍事用に徴発された居住地に住んでいた。たとえば五世紀のアキタニアでは、ゴート族は地方の荘園を利用しつづけた。アフリカではヴァンダル族が、現地の職人が私有していた公衆浴場を再建させたが、その再建事業があまりに見事だったので、しばしば建築物に所有者の変化を読みとることができない。逆にヨーロッパ北部では、多くの古い住居は、再利用するにはあまりに状態が悪かった。フランク族は荒廃した荘園に建てられた木造の住居に住んでいた。

この〔蛮族の〕入植という選択は、ローマ帝国の文明がまた別の魅力をもっていたことを十分に示している。たとえば古代末期の大土地所有制度が挙げられる。これは、柔軟でとりわけ効果的な地方開発のやり方を彼らにもたらした。蛮族は、できたとしても、〔ローマ式の〕土地所有の体制にいかなる改変も加えなかった。たとえば〔ローマ式の〕土地区画は維持され、一部の私有地は七世紀まで存続していた。もっとも開発拠点として中心的だった建築物は廃れた。蛮族は荘園の所有者となったので、ローマ人が課して理論化した土地税の手法を利用した。

また行政文書の活用も蛮族の族長たちの心を捕らえた。彼らは、アングロ・サクソン族が統治する大ブリテン島を除く至るところで、ラテン語を公用語として保護した。五世紀中頃から、ゲルマン系の名前を持つ有力者が印章のついた指輪を利用した。これは書簡や法的文書の書き手を特定するのに役立った。より一般的には、蛮族のすべての高位高官は男性であれ女性であれ、すぐに読むこと、ときには書くことを習得した。ブルグンド族、東ゴート族、ヴァンダル族の貴族たちは、韻文、修辞学、さらには論理学をひけらかした。一部の者は、自分と同等のローマ人が書いた著作を模倣しようとし、ローマ人の文学同好会において認められようとした。

3　蛮族の限定的な寄与

このような融合による文明化において、蛮族の伝統の貢献は限定的だった。とはいえ、いくらかの寄与を見出すことはできる。

まず、蛮族の到来は料理の献立に少しばかりの変化をもたらした。小麦、オリーブ油、ワインをよく消費する地中海世界において、蛮族が支配する地域の出身者は畜産物（肉、乳製品、バター）と大麦ビールを好んだ。はじめてこの変化が訪れたとき、昔ながらのローマ人らはそれを嫌がったが、必ずしも経済や健康に悪いわけではなかった。人口の激減によって穀作が危険にさらされたいくつかの地域では、家畜への転換は有益だったかもしれない。乳製品のタンパク質の導入によって、同じ社会階層の蛮族と彼らの模倣者は、昔ながらのローマ人らよりも健康になった。たしかにビールの苦さは依然として問題で、地中海世界の人びとの口には合わなかった。とはいえエリートはワインとビールの両方を消費することを習慣とした。ワインは高級食材として消費され、ビールは戦士の人付きあいの儀式の飲み物となった。前者はローマの伝統的な高価なガラス製品で、後者はゲルマン民族の技術で作られたカエデ製の器で消費された。

蛮族の第二の貢献は語彙に認められる。ラテン語には五世紀から、特に戦争や感情の領域に関するゲルマン民族の言語に由来する語彙が豊富になった。ときに蛮族と暴力の内在的関係も導かれた。おそらく、三世紀以来住み心地が悪くなった西方の社会を描写できる新語がもたらされた、と考えたほうがよいかもしれない。ゲルマン民族の言語は特に、前期ローマ帝国の末期から、ローマの領域において頻発した私的復讐の形態を描写するのに役立った。

最後に、金銀細工に訪れた新風の影響は注目に値する。これはきわめて高い水準にまで洗練された。とはいえ、模様と技術こそ「蛮族的」だったものの、素材〔特にバルト海の琥珀とインドのガーネット〕がローマの商業のルートを通りつづけていたことは、見逃せない。

本節の締めに、相互的な文化受容が社会階層に応じてさまざまな形で機能したことに注目しよう。ローマ人の洗練された生活は蛮族の族長を魅了した。他方ライン川東部から来た新たな息吹は、地方のさほど地位の高くない人びとの心を捕らえた。東ゴート王〔テオドリック〕は格言の才能に恵まれており、五〇〇年頃に「持てるゴート族はローマ人の真似をし、持たざるローマ人はゴート族の真似をする」といった。固有名詞研究は〔蛮族世界とローマ世界の〕両方において変化があったことを示している。五世紀以来、有力な蛮族は自分の子供にローマ人の名前を付け、他方属州のローマ人貧民はゲルマン語の語感に興味を示した。

Ⅳ　変化に関するローマ人の時代遅れな言説

社会文化的な変質から導き出せることに比べて、文学的史料は単純化されており、現実とずれたイメージを提供するものとなっている。ほとんどの場合において、野蛮な現象は道徳的判断を通じて言及される。その判断とは、ギリシア・ローマの民族誌学的ルーツや聖書にさかのぼる常套句の当て嵌めから生じたものである。

1 文明化へと乗り出した伝統的な敵

二一二年のカラカラ勅令以来、ローマ文化の外にいた人びとが帝国の市民権を得るべきだという考えが、習俗の中に入ってきた。蛮族はこうしてローマ人と同一視されるようになった。〔三七八年の〕アドリアノープルの戦いでの敗北のトラウマによって、〔ローマ人と蛮族の間の〕破局がはじめて起こり、古典古代の蛮族に対する不寛容な言説への回帰が生じた。策士ウェゲティウスや元老院議員シンマクスといった三七八年以降の著述家は、蛮族の野蛮さと裏切りへの傾倒を非難した。アンミアヌス・マルケリヌスは、帝国外部のものはすべて不合理性によって統治されており、それゆえに抹消されるべきだとさえ考えた。この警戒心は、ミラノ司教アンブロシウスのような、外部の民族に対して軽蔑心しか持たないキリスト教信者の社会エリートらによって共有されていた。たとえば、三九七年と三九九年、皇帝〔ホノリウス〕の勅令は都市ローマ内で蛮族の服装を着用することを禁じた。こうしたことから、二つの世界が混ざりあうことなく対立していたことがわかる。たかだか、将軍〔フラウィウス・〕バウトやスティリコのようにみごとにローマと同化した帝国蛮族に、「忠実な傭兵に対するローマの教養人たちの尊大な共感」を看取できるのみである（Alain Chauvot, p.323)。

四一〇年におけるローマ略奪の衝撃は、悲観的な世論を確実に強めた。聖ヒエロニムスは、古きローマにおける惨事の知らせにベツレヘムから反応した。彼は、蛮族は本来的に残忍で獰猛であり、彼らからほかのことを期待するわけにはいかないといった。また彼は、キリスト教への改宗がいくらか蛮族を文明化できるかもしれないと認めたが、考えた末無理だろうと悟った。四一三年にローマ略奪を喚起する『神の国』の最初の三巻の執筆に忙殺されていたアウグスティヌスも、同じ意見を持っていた。アウグスティヌスによれば、アラリックは残酷な蛮族でしかなく、彼がキリスト教の保護施設を尊敬していたのは神の恩恵の介入のおかげだった。四一七年、詩人ルティリウス・ナマティアヌスは、アラリックが率いるゴート族をブレンヌスが率いるガリア人やハンニバルが率いるカルタゴ人と常に比較した。これらの軍隊はいずれもローマを攻撃したが、〔前者はアッリアの戦い、後者は第二次ポエニ戦争において〕挙げ句の果てに敗北を喫した。したがって、帝国が最初に備えていた生命力を取り戻すのを待ちさえすれば、ゴート族はいずれ敗北する、と彼は考えていた。

四三六年、当時のある著名な賞賛文演説者は「帝国の毒」と評されたゴート族に対して将軍アエティウスが勝利を収めたことを、蛮行に対するローマの復讐として賞賛した。この著者はフラウィウス・メロバウデスという〔ゲルマン的な〕名前だったが、そのとき自分自身がローマ化した蛮族の子孫だったことを忘れていたのだった。

2 キリスト教的観点における蛮族

ローマ略奪は、ローマ人思想家の新世代を、文明間の対立という見方から脱却させることとなった。たとえば一部のキリスト教徒は、蛮族を歴史の救済計画の実行に必要な要素とみなすべきだと主張した。もし神がこれらの民族を作ったなら、人類はそれを受けいれなければならない。人類は、いかなる目的で蛮族が帝国を襲撃したかを理解するよりほかないのである。

四一〇年代の末に『異教徒に対抗する歴史』を著したオロシウスは、蛮族の侵略はローマ人が罪から離脱するよう仕向けるための天罰だと考えた。とはいえ、この未開人は帝国が力を取り戻すその日に、摂理によってキリスト教へ改宗するよう運命づけられていた。この思想のモデルは、ローマ人の伝統的思想とキリスト教徒の希望を再統合することを可能にしたので、教会においてすぐに支配的になった。六世紀末まで、ローマ司教座は状況を楽観視する立場にくみしていた。

しかし、ほかのキリスト教徒にとって、イタリア、ガリア、イスパニアにおける荒廃は世界の終わりを告げているように思われた。四一八年七月十九日の皆既日食は、人びとの精神を乱し、一部の予言者は蛮族をこの世の終わりをもたらす者たちだといった。たとえばイスパニアにおいて、シャベシュの年代記作家ヒダティウスは、スエビ族の侵入と同時期に生じた不吉な出来事の数々を報告した。メノルカ司教セウェルスはメノルカ島から回勅の書簡を書き、同僚たちに「最後の時」の前に行うべき対策を提案した。

五世紀中頃、マルセイユの聖職者サルウィアヌスは『神の統治について』のなかで独自の見方を示している。彼によれば、蛮族はローマ人を罰する運命にある神の代理人だが、彼らが神によって選ばれたのはいわば文明化した者〔ローマ人〕よりも振る舞いがよかったからだった。たとえばサルウィアヌスは蛮族の魂の純粋さのみに焦点を当てているため、彼らによる権力濫用を看過している。たとえば、彼はヴァンダル族がカルタゴの売春宿を閉鎖したことに注目しているが、地元の聖職者はその施設を黙認していたどころか頻繁に利用していた。〔サルウィアヌスの叙述において〕侵略者は〔地元の聖職者よりも〕正直で控えめで、しかも敬虔だった。サルウィアヌスは、蛮族のアリウス派信仰――彼によれば、これこそが、アリウス派信者を改宗させる悪しき〔カトリック〕司教を結果的に生んだ――を容認するに至った。「彼ら〔その悪しき司教ら〕は善き信仰を誤解していた」。とはいえ、サルウィアヌスに、ガリアの征服者〔蛮族〕に対するいかなる現実的共感も看取できない。このマルセイユの聖職者は倫理的緊張感を刺激するために、当時のローマ人たちに衝撃を与えようとしていたのである。

3　和解すべき新しい族長

サルウィアヌスの後に続く四五〇年代から四八〇年代において活発だった世代は、その生涯を蛮族の存在と隣りあわせに過ごしてきた。こうした世代にとって、この現象をローマの一時的な脆弱性や神の一時的な怒りによって説明することはもはや不可能だった。フォエドゥスの利用が外部民族による属州の支配に輝ける正当性を与えたので、ローマのエリートは徐々に知的態度を修正しはじめた。

もっともよく知られているのはアキタニアの事例である。四五〇年代から、地方のセナトール貴族はゴート族を定住させることに利益を見出した。たしかに歓待の制度は、ひどい歌をうたい生の大蒜を食べる人間に土地の一部を割譲することを義務づけた。しかし、それと引きかえにアキタニアはサクソン族の襲撃に耐えることができた。さらにアキタニアのセナトール貴族はゴート族を支持することによって、ガロ・ローマ人アウィトゥスを四五五年に帝位に登りつめさせるに至った。

中央権力が崩壊したとき、一部のローマ人貴族は蛮族との協力関係をより深化させるのに身を投じた。たとえば五世紀中頃、あるセナトール貴族はブルグンド族の言語を習得した。またあるセナトール貴族たちは、法的、財政的、文学的問題について蛮族の王に専門的助言を与えた。しかしローマ帝国存続期間の末期の緊張感は、ときにこうした楽観主義者にとって危険だった。四七一年、セロナトゥス某はローマ人の利益に反してゴート族に協力したため死刑に処せられた。

蛮族たちとの協力関係に前向きだったとはいえ、権門の大部分は養子縁組となると、実際のところこれをためらった。皇帝アウィトゥスの甥シドニウス・アポリナリスは四六〇年代に蛮族ときわめて近い関係にあったが、次の十年は敵対した。この対立は四八〇年に一時的和解（*modus vivendi*）を実現するまで続いた。四七五年オーヴェルニュにおいて、二人のセナトール貴族ウィクトリウスとエウケリウスの対立が確認される。前者はゴート族の宿営の支持者で、後者は極端な帝国擁護者だった。

五世紀末のローマ人エリートには、この野蛮な出来事を説明するのに三つの可能性が受けいれられていた。第一に、ローマ権力がきわめて長い衰退を迎えているだけだ、という考え方である。この考え方は、東方からの帝国再征服を目論む多くのアフリカ人と一定数のイタリア人の支持を集めた。第二に、蛮族をローマの真の後継者とみなす立場である。最後のセナトール貴族は〔蛮族の〕王と協力し、彼らが領域国家を作る手助けをした。引きかえに、セナトール貴族たちは新しい行政機構において待遇のよいポストを得た。最後に一部の者は、蛮族に服従し、真のローマ人にとどまることはできないと考えた。彼らにとって、高位聖職者階級に入ることがローマ帝国のこうした後退に対する解決策となった。階級の品格を犠牲にすることなく社会的地位を守ることができたからである。

第五章　蛮族王国の建国

蛮族の同盟軍がローマ属州に定常的にいた時代から、同盟軍が自立した国家を建設するまでには、重要な一歩があった。これは概して五世紀中頃から六世紀初頭に生じた。この数十年の間に、蛮族の族長がレガリア権を次第に獲得していったのである。そのことが、西方における帝国構造の最後の解体をもたらした。しかし、その新しい王国を「蛮族」王国と呼ぶのは歴史家だけである。同時代人は新しい王国の大部分を、行政的にも法的にもローマの直接的な後継者と認識していた。

I　新しい国家

ローマ人でない王によって統治され帝国の元属州の地に建設された領域構造のことを、一般に蛮族国家という。四七六年の「あの日」〔西ローマ帝国滅亡の日〕はこの基準ではほとんど意味を持たない。

一部の王国は西ローマ帝国の崩壊より前に誕生し、ほかの王国はそれよりも遅く成立した。

1　帝国の直接の後継者——西ゴート族、ブルグンド族、東ゴート族、ヴァンダル族

ヨーロッパにはじめて現れた蛮族王国はゴート王国だった。四一八年ワリア王が交わしたフォエドゥスの結果、この民族はトゥールーズとボルドーの間の地域の保護を請け負った。この低地アキタニア地方を拠点に、ゴート族はプロヴァンスとイスパニアへ一連の征服を行った。テオドリック二世（四五三—四六六年）と、特にエウリック（四六六—四八四年）の治世下において、構造化された国家が誕生しはじめ、首都がトゥールーズに設けられた。ゴート族は帝権としばしば緊張関係にあったにもかかわらず、ガロ・ローマ人の大規模な支持を得た。ガリアのセナトール貴族のメンバーの大部分はエウリックとその後継者アラリック二世（四八四—五〇七年）が設けた官職のポストを受けいれた。ゴート族はヴイエの戦い（五〇七年）でフランク族に敗北してイスパニアへ退却し、トレドを首都とした。西ゴート族という名前はイタリアに定住した東ゴート族との区別を可能にしている。

ブルグンド族の歴史は西ゴート族の歴史とよく似ている。ライン渓谷上流部のこの小規模な民族は、四三七年にアエティウスに敗北し、四五六年頃フォエドゥスによってレマン湖の縁に定住した。皇帝権力の弱体化と西ゴート族の時宜を得た協力に後押しされて、ブルグンド族はローヌ渓谷に支配を確立した。このような特別な歴史が、ブルグンド王国の王朝に二つの首都を持つという選択をいち

Conception : B. Dumézil, M. Coumert, réalisation : G. Couix, UBO

地図 3　6 世紀初頭における蛮族支配の西欧世界

はやく行わせた。ひとつは正規の君主が滞在したリヨンで、もうひとつはその息子ないし兄弟が宮廷を有したジュネーヴである。四七〇年代からブルグンド王国は地方のガロ・ローマ人のエリートと友好関係を育んだ。王国は五〇〇年頃に絶頂期を迎えた。フランク族の一連の攻撃を受けるとその栄光は消えさり、五三四年にフランク王国に併合されるに至った。

イタリアの東ゴート族の少しだけ遅い建国も同じような展開を辿った。東ローマ皇帝ゼノンは四八八年、建国者テオドリック大王に、オドアケルをイタリアの外に追放し、〔イタリア〕半島にローマ人の権力を復活させるよう命じた。テオドリックは民族的にきわめて複合的な軍隊を用いて、四九三年に勝利を収めたが、征服した土地を出資者〔ゼノン〕に譲渡するのをためらった。東ローマ皇帝は最終的にこの状況を事実上認めた。すなわちテオドリックは理論上ビザンツ帝国の名の下にイタリアの長となった。イタリアの有力者たちは、新しい行政機構に大規模に徴用されたので、この妥協案をなんなく受けいれた。テオドリックはさらに五世紀の諸問題によって荒廃したイタリアの町の再建にも財政出動をした。次の二つの都市は特に恩恵を受けた。東ゴート族の王が首都にしたラヴェンナと、元老院がかつての名声を取り戻した地ローマである。輝かしいインテリ集団（カッシオドルス、ボエティウス、パヴィアのエンノディウス）を抱え、ときに「東ゴートルネサンス」と称される文化的隆盛がみられた。

多くの民族が交渉によってローマの地に定住したのに対して、ヴァンダル族は軍事力だけでアフリカを征服した。彼らは四三九年にカルタゴを征服し、首都にした。しかしヴァンダル族は行政をみごとに行い、ローマ文明の特徴をほぼすべて導入した。現地民のノウハウを活用して、ヴァンダル族は地中海で唯一の有能な艦隊を結成し、皇帝の艦隊と張りあった。この艦隊のおかげで、ヴァンダル族はローマを四五五年に略奪し、シチリアを支配した。

2 ローマ＝蛮族王国の第二波――フランク族、アラマン族、スエビ族

地中海西部の海岸域を越えて〔内陸のほうに〕新しい王国が建設されるのは、もう少し後のことだった。たとえば、ランスと北海の間に位置する第二ベルギカ属州は四五〇年代からフランク族の手中に落ちた。しかし国家の建設はフランク族の脆弱な国王たちの不和によって遅れた。六世紀初頭、クローヴィス（四八一―五一一年）は民族を統一してメロヴィング朝を建設するに至った。優れた戦略家であった彼は、ガロ・ローマ貴族階級の支持を得て、ガリア中心部、アキタニア、ライン右岸へ数々の遠征を行った。彼の統治末期の頃、王国の首都はパリに置かれた。クローヴィスの息子および孫の統治下で、フランク族は影響の範囲を拡張し、ヨーロッパにおいて支配的な民族になるに至った。

フランク世界の東部の境域で、アラマン族は五世紀前半にドナウ渓谷の上流部と現在のアルザスの間の地域に定住した。この民族の歴史についてはほとんどなにもわかっていない。五世紀末頃の絶頂期に、アラマン族はひとりの王に服従し、独自の物質文化を享受した。この文化は、近隣民族の文化

から区別されようという意思を示していたようである。六世紀初頭から、彼らの王国は徐々にメロヴィング朝に併合されていき、フランク族の公国の地位にまで下がっていった。

スエビ族にとっても、ある一定地域に侵入して、そこを占有することは、まったく困難だった。この民族は四〇七年にライン川を越えてきて、イスパニアをめぐってヴァンダル族やゴート族と五十年にわたって争った。戦争においては運が悪く、〔イベリア〕半島の北西部に満足しなければならなかった。スエビ族はブラガの都市周辺に王国を建設した。この王国は五六〇年代に短期間の栄光を迎えた。

総じて建国の第二波は模倣という現象によって説明される。輝かしいアキタニアのゴート王国は、とりわけフランク族とスエビ族の模範となった。年代的に少し遅れて、ほかの周辺諸民族は六世紀と特に七世紀にフランク族の真似をした。テューリンゲン族、バイエルン族、フリジア族において、強大な君主の出現がみられた。しかし、これらの民族はメロヴィング朝の支配下で急速に転落した。

3 アングロ・サクソン族とブリトン人の謎

ローマ帝国のブリタニア属州（大ブリテン島）の運命は記述史料が欠けていてよくわかっていない。四一〇年代から四四〇年代の間、ローマはハドリアヌスの長城に沿って攻めてくるピクト人に対して軍事防衛を保証する手段をもはや持たず、居住者に運命を委ねていたと思われる。八世紀の歴史家尊者ベーダは、ブリタニアのローマ人は属州を守るために蛮族の傭兵を雇っていた、と断言している。彼によれば、アングル族、ジュート族、サクソン族といった蛮族が多数到来し、ピクト人を倒し、彼らの雇い人〔ローマ人〕の土地を占領した。大ブリテン島の東の果てに、蛮族はアングロ・サクソン七王国〔ケント、サセックス、ウェセックス、エセックス、東アングリア、マーシア、ノーサンブリア〕を建設した。敗北したローマ人〔ブリトン人。ローマ化したケルト系の現地人〕は島の西部に退却し、ウェールズの地にブリトン人の王国を作った、という。

八世紀におけるブリタニアの地政学的な描写こそ正確だが、ベーダによる歴史的説明は今日では批判的に読まれている。まず、五世紀におけるニーダーザクセンとシュレスヴィヒ・ホルシュタインからの人口大移動とマンシュ経由での集団の通過を裏付ける考古学的根拠はいっさいない。移住者数は船の積量が少なかったことだけをみても、間違いなく少なく見積もるべきだ。次に、ブリタニアにおける後期ローマ帝国の用地の発掘物から、残忍な侵略を結論づけることはできない。人口動態はむしろ、五世紀から六世紀にかけてゆっくりと減少していたように思われる。他方、島の住民はローマの行政の様式を廃止して氏族的な論理を復活させた。ゲルマン民族が到来したことに異論の余地はない。これを否定してしまうと、ラテン語とケルト語に代えて古英語が導入されたことを説明できなくなってしまう。

アングロ・サクソン王国の誕生について検討された多くのシナリオの中で現在の歴史家が好んでいるのは、荒廃したローマ属州の中で混乱が頻発したという説のようである。その説によれば、一部の人びとはまず蛮族出身の有能な長を中心に再組織化された。この指導者はローマの租税制度を維持できず、略奪経済へと転じた。他方ブリタニアの領域国家への政治的再組織化は、六世紀中頃になってようやく、島の南東部に対して強い影響を及ぼしたフランク族の影響下で進んだ。

4 ユスティニアヌスの再征服とランゴバルド王国の誕生

蛮族王国の誕生を説明する最後の要因はビザンツ帝国の政治に見出される。実際、皇帝ユスティニアヌス（五二七―五六五年）は長い治世において、西方に軍事的に再び乗りこもうとした。そして彼の介入は蛮族国家の不安定なバランスを崩した。

ビザンツ帝国の「再征服」の最初の犠牲はヴァンダル族の統治するアフリカだった。その地は五三四年にほぼなんなく征服された。征服された地はすぐにビザンツ帝国の属州に再組織化され、アラブ人が征服するまで帝国の支配下に入った。

とはいえビザンツ帝国の主たる狙いはローマとイタリアの奪回だった。五三五年、東ゴート族の女王アマラスンタがいとこテオダハトに暗殺され、王冠を奪われた。ユスティニアヌスはこれを口実（*casus belli*）に軍事介入を正当化した。しかしイタリアでの戦争はアフリカ遠征とはまるで異なるものだった。ビザンツ帝国の再征服はイタリアに流血をもたらした。さらに帝国軍はイタリアにペストまでもたらしたので、その被害はいっそう甚大なものとなった。さらに、この軍事的衝突は社会経済的伝統の枠組みを乱し、ローマ人貴族はシチリア、ギリシア、あるいは地方の修道院へと逃げることを選んだ。五五二年、ユスティニアヌスが東ゴート族に最後の勝利を収めたとき、ローマの元老院は消滅した。〔そのため、〕皇帝ユスティニアヌスはイタリアの統治を東方出身の官吏に委ねざるをえなかった。

五六〇年代に、ビザンツ帝国は東方でペルシアから攻撃を受けたため、イタリア駐留軍を減らして東方へ回さなければならなかった。これと同時期に、フランク族はバルカン半島を制圧する危険性のあるアヴァール族と手を結んだ。混乱の機に乗じて、ランゴバルド族は諸民族を連合してイタリアの征服に導いた。五六八年から五七〇年の間、ビザンツ帝国の防衛隊は制圧されて皇帝たちはローマとラヴェンナの周辺のいくつかの砦に閉じこもっていなければならなかった。しかし本当の意味でのランゴバルド王国の建設は、王権が不安定だったために実現しなかった。そのとき軍司令官〔*dux*〕はかなりの独立を享受していたのである。中央政府の出現は、アウタリの統治（五八四―五九〇年）を待たねばならなかった。ランゴバルド王国の首都はパヴィアに置かれた。

II　行政

蛮族の王にとって、領域化された国家を管理することは単なる武装集団を統率することよりもはるかに複雑な問題を孕んでいた。仮にアングロ・サクソン族の世界のように王国が小規模だったとすれば、一般的な部族の首長制で十分に統治できたかもしれない。しかし、領土が広くなってくるとローマの統治の原則へと立ちかえる必要があった。ところで、こうした原則は宮廷にも地方属州にも存在する公的機能（*militia*）の存在に依存していた。それゆえ蛮族王国の時代、王国の主たる代理人たちは官吏（*judices*）でありつづけた。

1 帝都、宮殿、宮廷

多くの場合、蛮族の王はひとつの居住地を選ばず、半巡行王権的生活を営むのを好んだ。ロマン派の歴史家はそこにゲルマン的遊牧生活のなごりを見出そうとした。しかし実際のところは、この選択はむしろ、ローマの政治的慣習を厳格に継承しているものとみることができる。なぜなら三世紀以来、ローマ皇帝たちは軍事的必要に応じるため、きわめてよく動いていたからである。

蛮族の王は移動もしていたが、一般にひとつの都市を首都（*sedes regia*）に選んだ。この都市はなによりもまず、勅令の発行、大使の歓待、自由人の集会（貴族会議）といった権力の表象の装置として機能した。この都市が擁していた宮殿は、テトラルキア時代の皇帝の宮殿をモデルとしていた。この王宮は一般にバシリカ式の応接室（*aula*）と巨大な聖域を統合した二重構造となっている。たとえばトゥールーズのゴート族の王宮は、大きなアリウス派教会であるドラド教会のすぐ近くにあった。

宮廷は半巡行的性格ゆえに、比較的少人数のスタッフしか擁さなかった。スタッフは、高級官職を担当する宮廷付属の官吏と、国王の生活の快適さを保証する家内の官吏の間で共有された。しかし君主の公的任務と私的任務が混同されるようになった。たとえばフランク族の世界では、当初は単なる王家の管財人だった宮宰《きゅうさい》が、七世紀に中央行政の代表者になった。この変化はしばしば、蛮族に国家という観念がないことの徴候と考えられていた。実際、同時期のコンスタンティノープルの宮廷では、公と私の領域に類似の混同がみられた。

ローマのモデルに倣って、蛮族の宮廷は重要な文化的中心でありつづけた。詩人や修辞学者は、とりわけヴァンダル族、東ゴート族、フランク族において王国のプロパガンダ的役割を担った。我々が判断できる限りでは、文学的作品は総じて、唯一の文化的言語と考えられていたラテン語で書かれた。芸術家と手工業者もまた君主の庇護〔メセナ〕によって招聘された。彼らが蛮族の権力を高めるために発揮した技術水準は、古代末期にひけをとらないものだった。たとえば、イタリアに建設されたことが一度もなかったもっとも重い一枚岩のドームが、ラヴェンナのテオドリック大王（五二六年没）霊廟の上に置かれている。

2　地方の行政

古代末期以来、領域行政の真の〔最小〕単位は属州ではなく都市だった。多くの場合、都市は二つの主体によって管理されていた。ひとつはクリア会と呼ばれる町の諮問会議で、クリアーレスのメンバーからなっていた。もうひとつは皇帝権力の地方代理人だった。

クリアーレスは地方有力者から募集されており、伝統的に地方税の徴収と君主への引き渡しを担っていた。しかし三世紀の財政的困難はクリア会の危機を導き、彼らの大部分はこの義務から逃れようとした。〔なぜなら、クリアーレスは未収税額を自分の財産から支払う義務を負ったためである。〕西ローマ皇帝につづいて西ゴート族の王は、特にクリアーレスに辞任を禁じることによって、地方の制度を維持しようとした。しかしクリア会は六世紀には存続していなかったようである。おそらくメロヴィング世界だけが継続的な形でその構造を保存し、取り決めや遺言の記録を行った。

クリアーレスが義務を逃れたため、四世紀以来、皇帝は都市における国家の永続的代理人を任命する必要に駆られた。その称号は長い間流動的で、四七〇年頃にやっと「都市長官」（*comes civitatis*, コメス・キウィターティス）として定着した。さまざまな蛮族王国がこの制度を維持した。それゆえ、九世紀まで都市長官は賃金の支払われる罷免可能な官吏で、国王から裁判、徴税、地方兵の指揮を任されていた。都市長官の領土の管轄は多くの場合、ローマ市街（*civitas*, キウィタス）、すなわち都市とその管轄地域にとどまった。しかしこの領域の名称は、パグス（*pagus*）というラテン語へとなっていった。この語はフランス語の「国」« pays » の語源で、一般にフランス語では « comté » と訳される。

いくつかの区域で、君主は唯一の高級官僚の権力の下にいくつかのコメスを束ねることを決定した。この官吏はローマの威厳に影響されて、「軍司令官」〔*dux*〕ないし「パトリキオス」〔*patrikios*〕の称号を受けとった。しかし、イスパニアとイタリアを除いて、こうした地域的等級は長続きしなかったようである。東ゴート族は名声のために、道長官庁〔*praefectus praetorio*〕が権力の頂点に立ち、各地方を統治する支配構造を再建しようとした。しかしユスティニアヌスの再征服のために頓挫した。

総じて、蛮族の官吏の総人員は四世紀に比べて後退していなかったようである。とはいえ、テトラルキアの下で、ローマ世界において国家の代理人の数がかつてないほど増えたことを想起すべきである。それゆえ、蛮族王国において人口が減少したと語ることはできない。唯一侵食を本当の意味で受けたのは、都市行政の格付けだった。

形式的には、行政の様式は変化していなかった。文書行政は遅くとも七世紀の初頭までには支配的となり、標準化された書式で公的文書が作成されるようになった。ただ、裁判の執行だけはいくつかの修正がなされたようである。長官がゲルマン的地方裁判であるマルス（*mallus*）を行ったからである。

3　困難な徴税の維持と国庫の発達

ローマと同様の官吏制度を維持するためには、豊かな国庫を維持しなければならなかった。敵から奪った戦利品は貴重でありながら不安定だったので、蛮族国家は二つの主たる収入源を活用していた。

まず、新しい国家は理論上、三世紀の末に帝国が実施した強力な課税システムを継承していた。しかし、その税が実際にいかにして支払われていたかを確定するのは難しい。特に土地税は、国家が土地台帳や国庫の納税者名簿を定常的に改訂しなければならなかったため、徴収においてかなりの問題を孕んでいた。メロヴィング朝は六〇〇年頃までこの制度を維持していたようである。しかし土地税免除の恩恵は、まずは蛮族の同盟軍の、つづいて大土地を所有する教会（アリウス派であれカトリックであれ）、主要な修道院、さらには名声のある都市（アルル、トゥール、リヨン）の利益のために、増大する傾向があった。ローマ人の多くもまた、免税特権を享受するために自らを蛮族と偽った。

蛮族国家は間接税、特に移動や取引高に関するあらゆる税を〔ローマ帝国よりも〕はるかに効率的に維持していたように思われる。課税は実際、商品の積みかえを担当する王国の役人によって、より低いコストで実行できた。この現象は、ラヴェンナ、マルセイユ、カルタヘナ、セビリヤといった地中海の巨大な港湾都市の管理にまつわる戦略的問題があったことを示している。

二番目に大きな国庫の収入源は、国有地管理に由来する。五世紀に、蛮族の王は、自分たちが支配する属州内にあった皇帝御領を奪った。フィスクス〔*fiscus*〕と呼ばれる皇帝御領は、広大な開拓農地のみならず鉱山、森林、国営織物工房（作業場）、造兵廠《ぞうへいしょう》を含むものだった。フィスクスは膨大な世襲財産をなし、蛮族の王たちはそれを最大限守った。訴訟で有罪判決の出た人から財産を没収することによって（すなわち実質的にはフィスクスに加えることによって）常にフィスクスを豊かにした。

フィスクスの生産物はなによりもまず、王宮に食糧、馬、武具、貴金属を供給するのに使われた。しかし、私有地の一部は現物での役人への支払いにも利用された。例外的に、王がこれらのフィスクスのひとつを宗教施設、あるいは、より珍しい場合には私人に与えることを認めたこともある。この威信ある行為によって、王は受給者から抜け目なく忠誠を獲得することができた。

III　蛮族法の構造化機能

古代において部族的慣習は口頭という形で存在したが、蛮族は領域化された王国を持つようになってはじめて、成文法を作りはじめた。ごくまれな例外を除けば、すべての新しい法はラテン語で作成された。

1　属人法の原則

二一二年〔カラカラ帝の勅令により、帝国内のすべての自由民にローマ市民権が与えられた年〕以降、ローマ帝国では法の普遍性の原則が適用されていた。すなわち、地中海周辺のすべての自由人は、ひとつの権力機関が作った同じ法文によって判決が下されることを当然視していた〔属地主義〕。ローマ帝国の消滅によってこのシステムは機能しなくなり、蛮族王国では個人は民族的アイデンティティに従って裁かれた〔属人主義〕。

元属州に定住しつづけたローマ人の大部分に対して、蛮族の王たちは帝国の法をそのまま適用しつづけていた。四三八年に公布された『テオドシウス法典』は、運用するのが難しいことが明らかとなったので、西ゴート族の王アラリック二世は五〇六年に、その法のきわめて質の高い要約である『西ゴート族のローマ法』（『アラリック抄典』とも呼ばれる）〔の起草〕を実現した。この法的規範はそれゆえ、西ゴート族の支配下にあるすべてのローマ人の法的地位の基盤をなしていた。六世紀の中頃から、この法典はフランク族の世界にも導入された。

蛮族の王は、教会はローマ法に服するべきだと考えていた。国家が教会所領に対して卓越した所有権を行使していたためである。いくつかの事例において、バイエルン族においてそうであったように、あらゆる聖職者は、実際の民族的起源とは関係なしに、ローマ法に服していた。ユダヤ人はローマ市民の地位を享受した。もっとも彼らは、自分たちの共同体の内部の問題を裁く際、ラビ〔ユダヤ教の聖職者〕の裁きを採用していた。

ほかの人びとは「蛮族の法」に服しており、それぞれの王は自身の臣民に対して法を公布した。法は、想定される民族に対していわば国内法を明示するのみならず、（ローマ人であれほかの蛮族であれ）異なる民族的アイデンティティを持った個人との関係をも規定した。法の編纂の第一波は、五世紀末のゴート族の王エウリック（四六六―四八四年）〔『エウリック法典』〕、ブルグンド族の王グンドバット（四七三―五一六年）〔『ブルグンド法典』〕の活動に、また『サリカ法典』の最初の版がクローヴィスによって編纂されたとすればフランク族のクローヴィス（四八一―五一一年）の活動にもみてとることができる。七世紀の初頭にメロヴィング王国に服属した諸民族、あるいはメロヴィング王国を模倣しようとした諸民族の間で、立法に関する新たな努力がなされた。ケント王国のアングロ・サクソン族はその最たる例である〔『エセルバート法典』〕。それに対してランゴバルド王国ではロタリ王（六三六―六五二年）の治世になってはじめて、法典が編纂された〔『ロタリ王法典』〕。

総じて蛮族の法は特に私法を制定していた。〔他方〕新しい〔蛮族〕国家は、公法に関してはローマ法を信頼しなければならなかった。一部の歴史家は、属人法という概念が単なる文書上の幻想ではなかったか、ということを議論している。ローマ法の要約版と新しい蛮族法は、ときに同じ民族に公布された可能性が指摘されている。この問題は、依然として解決が難しい。

ローマ法や蛮族法に加えて、君主は属地法を制定することをあきらめなかった。たとえば、メロヴィング朝のいくつかの勅令はフランク族の王の臣民全体に対して有効だった。同様に、六五四年に公布された『レッケスウィント法典』はローマ人であれ西ゴート族であれ、イスパニア在住のすべての人に適用されることになっていた。

2　紛争解決の新しい様式

蛮族法の内容はきわめて多様だが、特に紛争解決の方法の提案に照準を合わせている。それはとりわけ、原告側と被告側の家族間での復讐（フェーデ）の連鎖〔復讐に対する復讐が無限に繰り返されること〕を回避するための訴訟手続きを確立している。

古典的なローマ法と比べて、蛮族法の第一の斬新な要素のひとつは、贖罪金の原則である。たとえば蛮族は、殺人の罪を償うには、社会における死者の象徴的価値に対応した総額を、犠牲者の一家に支払うことを規定していた。この総額はヴェーアゲルト〔*wergeld*〕（文字通りには「人間の価値」の意味）と呼ばれ、一般に若い戦士や出産適齢期の女性に対してもっとも高い額が設定された。より全般的には、蛮族の法は窃盗、暴力、名誉毀損、さらには中傷に対して一連の贖罪金を規定している。

蛮族法のいくつかはさらに神明裁判の概念を導入した。一般的な証拠（記述された文書、証言、宣誓）が真実を解明するのに不十分な場合、裁判官は神明裁判、すなわちだれが嘘をついているのかを決定するための超自然な存在の召喚を求めることができた。被告は熱湯の入った鍋の底に沈んだ輪を取り出したり、熱して赤くなった鉄の断片を火傷せずに持ったり、といったことをさせられた。ブルグンド族の法は決闘裁判〔争いの当事者またはその代理人が一対一で決闘し、その結果に従って紛争に決着をつける裁判（山内進『決闘裁判――ヨーロッパ法精神の原風景』（講談社現代新書：一五一六）、講談社、二〇〇〇年、八頁）〕の要求さえ規定していた。ヴォルテール〔フランスの啓蒙主義を代表する人物〕以来の法の注釈者は、この訴訟が不合理な性格を帯びていることと、これらの法が間違いなく蛮族に帰することを批判的に論じてきた。今日の歴史家たちは、この点についてより慎重になっている。旧約聖書は神の裁きについて多くの事例を示しており、蛮族の立法者に対して大きい影響力を持っていたと考えられている。ほかにも、規範文書にみられる奇妙で暴力的な手続きが叙述史料にみられることは、ほとんど皆無である。それゆえ、神明裁判は偽誓を避けるために裁判官が用いた究極の脅しでしかなかった可能性もある。

蛮族法の新たな要素として、女性保護の義務、ムンディウム（*mundium*）も規定されている。ムンディウムは最初、〔女性の〕父が所有している。女性が結婚するとき、ムンディウムは婿に売却される。王は孤児となった女児のムンディウムを回収し、ときには寡婦が自らのムンディウムを処分することもあった。しかしこの仕組みがあったからといって、蛮族の女性が自分の家族のメンバーに「身売り」できたと考えることはできない。ムンディウムとは、単に女性の安全を保証し、特に蛮族法で厳格に禁じられていた誘拐を避けることに主眼を置いた、強制力のある規定にすぎない。

3 国王の威厳を高める道具

蛮族法の体系においては、ローマ法とは違って、君主は必ずしも紛争解決において中心的役割を演じなかった。君主は法を発給することだけで満足し、実施全体を指導したわけではなかった。さらに、多くの事例において、蛮族は訴訟を行うために立法したわけではなかったようである。彼らは司法的とはいいがたい規定（復讐、友好的な協定、キリスト教的赦し）や非司法的な規定（地方有力者の仲裁、聖遺物の力への訴え）に申し立てることが通例だったようである。ときに、宮廷裁判所さえも法を適用することよりも仲裁を提案することを選んだ。周知のように蛮族の法が十分に活用されていなかったのであれば、なぜ君主はわざわざ法を公布したのだろうか。

まず、あらゆる社会においてそうであるように、法の制定は権力の問題にかかわる。なにが「規範的な」行動なのかを決定できる者が長と認められた。逆説的なことに、民俗学によって知られるように、立法者のカリスマは、彼が規定を遵守しなければその分だけ高まった。実際、自分の臣民に対して近親相姦を禁じた蛮族の王が自分の義理の姉妹と結婚していたり、親殺しに対して死刑判決を下した人が親殺しの先駆者だったり、といった具合だった。君主はその規範に言及したり、自ら破ったりしながら、規範を定めたのである。

第二に、法的活動は〔蛮族が〕ローマの制度的遺産を我が物にすることを可能にした。ローマ皇帝プリンケプス（*princeps*）は三世紀から、自分自身を主たる法源として認めさせていた。蛮族の王は法を作ることによって、自らがまさにコンスタンティヌスやテオドシウスの後継者であることを示した。ローマ帝国を模倣しようという意思は特に西ゴート族において強かったようである。

最後に、蛮族の君主は規範を作ることによって、ときに社会的合意を作りあげることができた。たとえばフランク族の王は、一般会議のときに王国の有力者に公式に相談した後でしか、自身の法を公布しなかった。ブルグンド族の君主は、王国のすべての諸侯に法典への副署をさせた。アングロ・サクソン族は、承認を得るために新しい法を人民の前で読み上げさせた。法的活動はこのように、王と彼の政治を堅固にすることを可能にする全員一致の儀式として機能していた。

いくつかの事例において、部族法典の編纂は外部の権力によって命じられることもあった。このことは、特にバイエルン族にあてはまる。彼らの法典は七世紀にメロヴィング朝によって作られた〔ここでは、彼らの法典（『バイエルン部族法典』）は七世紀にメロヴィング朝によって作られたとされるが、成立年代については八世紀の可能性も唱えられている。たとえば、世良晃志郎訳『バイエルン部族法典』（西洋法制史料叢書：三）創文社、一九七七年、一二－四二頁〕。この事例では、規範の制定は外部権力の覇権を際立たせることになった。

Ⅳ　依然として続いた帝権に対する服従

蛮族の王たちは、独立を獲得したにもかかわらず、少なくとも六世紀の終わりまでは、ビザンツ帝国によって具現されていたローマ帝国の下僕を名乗った。

1 官吏や貴顕としての王

王は自治権を獲得したにもかかわらず、ローマ帝国の制度に由来する称号を保持した。帝国へのこの忠誠保持は、いくつかの要因によって説明できる。

まず蛮族は、四世紀以降の地中海周辺のあらゆる住民と同様、威厳を欲していた。空虚だが大袈裟な呼び名〔ローマ帝国の制度に由来する称号〕を得ることによって、個人は自身を普遍的なヒエラルキーの中に位置づけることができたのだった。当時、高位の称号（官位、爵位）を授けることができたのは皇帝だけだった。たとえば五〇八年にクローヴィスは〔皇帝アナスタシウス一世から〕、ビザンツ帝国への奉仕に対して、栄誉ある執政官の勲章を受けとった。五一九年、東ゴート王テオドリックは自分の娘婿であるエウタリックを常任の執政官にした。彼はうってつけの後継者だったのである。

次に、蛮族の王はローマの軍司令官職を身に帯びることで、地方エリートの忠誠をよりよく引き出すことができた。四八二年、ランス司教レミギウスはクローヴィスに服従するのを当然だと思っていた。その理由は、彼がフランク族の王だったからではなく、彼が第二ベルギカ属州の統治者だったからである。五〇〇年前後にブルグンド族の王たちもまた、皇帝に何度も「ガリア道総司令官」の称号を承認するよう求めた。この称号は、領域に対する理論上の軍事権力を王に付与した。

いくつかの事例において、蛮族の王はローマ的な正統性の遺産を越えようとした〔ローマ皇帝以上の威厳を獲得しようとした〕。東ゴート族と西ゴート族の王はなかでもコンスタンティヌスの称号的な添え名であるフラウィウスを名乗った。このように、彼らは象徴的に自分自身を皇帝の家系と結びつけた。同様に、もっとも野心的なフランク族の王はローマの指導者と同じ〔権力〕顕示行動をとった。たとえば馬車道を作り、円形競技場を建設させ、勝利を称えた。とはいえ、もっとも印象的なシーンは五〇〇年に演出されたものである。東ゴート族のテオドリック大王がローマに来て、自分の君臨三十周年（*tricennaria*）を祝ったのである。それまで、このように即位の記念日を祝っていたのはローマ皇帝のみだった。

2 ビザンツ帝国の外交における蛮族

蛮族の王が皇帝に目を付けたのは、〔権力の表象のためのみならず、〕ローマ皇帝が〔地理的に〕遠いにもかかわらず、国際的舞台におけるもっとも重要な役者のひとりだったからでもある。

ビザンツ帝国は、西方の大半の王国とは異なり、安定した金貨ノミスマ（*nomisma*）制度と優れた税制を持ちあわせていた。この二つが結びついて、皇帝には莫大な貨幣供給能力があった。ビザンツ帝国は慢性的な兵士不足に見舞われていても、金貨のおかげで蛮族のいる西方に働きかけることができた。こうした政治的介入に直面して、新しい〔蛮族〕国家は自分自身の位置づけを迫られた。

六世紀の初頭まで、蛮族は、領域化されているかどうかにかかわらず、ビザンツ帝国への傭兵供給をたびたび受けいれた。ビザンツ皇帝はこうして、しばしば複雑だった戦略において、ある王国をほかの王国に対抗させて利用することに成功した。たとえば五〇七年、イタリアにおけるテオドリック大王〔の力〕を弱めるため、ビザンツ帝国はフランク族とブルグンド族に、東ゴート王の同盟者であるガリアの西ゴート族を攻撃させた。

五三〇年代から、皇帝は西方への直接的軍事行動を率いようとした。その軍隊はローマの将軍によって導かれていたが、兵士は東方の蛮族からなっていた。「ユスティニアヌスの再征服」はイタリア、アフリカ、イスパニア南部にしか及ばなかったが、帝国の評判を大きく損ねた。キリストの本性に関する神学的議論も、蛮族のいる西方をコンスタンティノープルから遠ざける結果となった。

五七〇年代と五八〇年代はビザンツ帝国が後退した時期だった。ビザンツ帝国はその後、獲得した領域を保つことで満足したが、その領域は西ヨーロッパにおいてはラヴェンナ、ローマ、カルタヘナなどのいくつかの飛び地に限られていた。これらの都市が蛮族勢力に奪回されないように、皇帝は蛮族の王家から人質を取ったり、敵の将軍を買収したり、新しい国家に無秩序をもたらすことを期待して簒奪者に財政支援を行ったりした。この新しい政策はほとんど費用がかからなかったので、総じて有効だった。しかしローマ帝国の名声は失われた。

3 蛮族王国は徐々にビザンツ帝国から離脱した

蛮族の王たちは、その大部分が六世紀の末頃からローマ中心的な見方を捨てさった。貨幣の使用に最初の徴候が見出される。五七〇年代まで、西方の国家は総じてローマの貨幣制度に忠実だった。さらに、蛮族の金貨には東方の皇帝の図像が刻印されていた。フランク王テオデベルト一世（五三三―五四七年）はたしかに自分の名義で貨幣を発行したが、それは一時的なものにすぎなかった。それに対して、レオヴィギルド（五六八―五八六年）の治世から、西ゴート族はビザンツ式の貨幣制度を完全に撤廃し、皇帝とよく似た衣装を身につけて自分自身の権威を表現した。ほかの諸民族も少しずつこれに倣った。

大使（教皇特使）の使用もまた変化の最中にあった。五八〇年代まで、蛮族の王は「私の父」という称号を皇帝を指し示す意味で使っていた。そうすることで、自分たちが皇帝に象徴的に服従していることを示していた。この称号は七世紀に消えた。それと並行して、東方と西方の間の大使の交換もまれになった。〔ここでいう大使（教皇特使）の多くは後にローマ教皇になるなど、西方教会網のなかで重要な役割を担っていた。特にフランク王とビザンツ皇帝との間を取り持ち、ビザンツ皇帝は西方の王／王子の代父（現代のゴッドファーザー）になっていた。ところが、八世紀前半になるとこの関係は薄れ、教皇特使の派遣も途絶える。西欧世界が政治的に独立したというより、イスラーム勢力の伸張によって東西交渉が希薄化した、と見る研究者が多い。巻末参考文献に掲げた大月論文（1998）を参照されたい。〕

両者間のこの遠隔化は、「ユスティニアヌスの再征服」の忌まわしい記憶のほかに、さまざまな要因によって説明できる。まずペストである。ペストは地中海世界で慢性的になり、六〇〇年頃に東方と西方の間の古い商業ルートを崩した。第二に、皇帝は五七〇年からペルシアに対してたびたび敗北しており、西方の蛮族への関心を失っていた。第三に、七世紀から、新しい〔蛮族〕国家がカトリックに改宗した。これによって、蛮族はビザンツ帝国を異端とみなし、教皇その人を新しい交渉相手と考えるようになった。

第六章　蛮族王国の改宗

六世紀と七世紀の間に、西方の国家は安定化のプロセスを辿った。この安定化過程にあっては、特にローマ人の地方エリートと蛮族のエリートが接近した点が特徴的であった。古いアイデンティティは徐々に弱体化し、しばしば「民族的」と形容される新しい統合的なアイデンティティが形成された。この変化は社会的、経済的、政治的要因の総体の結果として生じた。しかし、歴史家は一般に宗教的次元に重要な役割を見出している。このことは、蛮族が全体的にローマ・カトリックへ改宗したことによって説明される。

I　王国経営の補助者としてのカトリック教会

蛮族たちは、カトリック司教団との関係をきわめて早期から維持した。これはなによりもまず、司教団がその公的機能によってローマの秩序崩壊後も存続した唯一の組織だったからである。他方、領土を保持するためには、結局のところ、概して君主と司教の協力関係が必要だったのである。

1 地方行政における聖職者至上主義の台頭

蛮族の王は努力したものの、自分たちが所有した都市を効率的に管理するのに苦労した。都市長官は実際、軍役義務のために一年間の一部を費やさねばならなかった。さらに、町のクリア会が徐々に消滅して都市の日常的行政管理と徴税に混乱がきたされた。

五世紀の後半から、伝統的市民生活の破綻は、地方教会が権力を増しながらこれを補った。実際、元々クリア会が担当していた按察の任務の大部分を司教が担うようになった。司教は壁を維持し、公的な建築物を修復し、都市への物資供給〔が適切に行われているか〕に注意した。ときに、高位聖職者は純粋な民事事件の裁判官の役割さえも担った。いずれの場合も、彼は自身の名声によって、外部権力との交渉において、都市を代表する人物となった。

要するに、領域をうまく管理するには、蛮族の王は必ずこうした人物と対話をしなければならなかった。しかしヨーロッパでは、地方の司教は皆カトリック信者だった。西ゴート族の王レオヴィギルド（五六八―五八六年）やランゴバルド族の王ロタリ（六三六―六五二年）は王国内にアリウス派の司教ネットワークを展開しようとしたが、失敗に終わった。さらに、司教の大半はかつてのローマ貴族階級出身だった。

たしかにカトリックの高位聖職者は異教や異端の王と議論を交わすことをためらうことなく受けいれた。税、裁判、導水について話しあうために、同じ宗教を信じている必要はなかった。たとえば五世紀の末に、ランスの聖レミギウスは、クローヴィスのように依然として偶像崇拝をしていた人に対してよい政治についての助言を与えた。これより二世代前に、オーシュの聖オレンティウスは将軍アエティウスの攻撃からゴート王国を救うため、使者を務めることを受けいれた。実際多くの司教にとって、暴徒のようなローマの軍隊が自分の地域を破壊するのをただ眺めるよりも、アリウス派信者であれ異教信者であれ、従順な蛮族を族長として取りこむほうがよかった。

このような奉仕の見返りに、蛮族の王は寛容な態度を示した。たとえばイタリアの〔東ゴート〕王国は国家に二つの宗教、すなわち東ゴート族に対してアリウス派を、ローマ人に対してカトリックを認めた。さらにテオドリック大王は公的書簡のうち一通で、「宗教の問題については命令することはできない」と明言している。また異教の君主たちが王国のカトリック教会に財政上の特権を認めているケースも確認される。

しかし王と司教団の間では信仰上の緊張関係が生じることもあった。たとえば四七〇年、クレルモン司教シドニウス・アポリナリスは〔西ゴート王国の〕エウリック王のことを「民族の王というよりも宗派の王」と断言しており、教区民に西ゴート族に対して反乱するよう後押しした。また五二六年、東ゴート王テオドリックは、国家の大使の任務を故意に敢行しなかったことで告訴されていた教皇〔ヨハネス一世〕を幽閉させた。あらゆる蛮族の中でアリウス派のヴァンダル族だけが、特にフネリック（四七七―四八四年）の治世下において、カトリックの聖職者に対して流血を伴う迫害を行った。それに対抗して、アフリカの司教団は君主との協力関係を完全に断絶した。

2 司教に対する王の権力

しかし、ときとして反抗的な高位聖職者に直面して、蛮族の王は重要な切り札を用いた。すなわち、司教選出に介入したのである。

ニカイア公会議（三二五年）の規定によれば、都市の司教は理論上「聖職者と俗人によって」（*populo et clero*）選出されることになっていた。この選出方法においては地方エリートの影響力の行使が重要な役割を演じており、しばしば無秩序がもたらされた。結果として五世紀から、あらゆる任命の前に宮廷が同意するのが慣習となった。

蛮族の王たちはカトリックの司教選出を監視する権力を継承し、概して「聖職者と俗人による」選出手続きを尊重した。この寛容政策によって、彼らはローマの臣民に対して好意を示すことができた。しかし王は選出が適切に行われているかを監視する義務を負った。たとえば五〇二年、テオドリック大王は教皇の後継がこじれた後、だれが正統な教皇なのかを決定するために調査を行うことを不承不承受けいれた〔教皇シンマクスと対立教皇ラウレンティウスが争った。テオドリック大王の支持を得た前者が首位権を獲得した〕。しかし宮廷は、ほとんど規範どおりに行われなかった選出を見て見ぬふりをすることもあった。こうして王は、新しい司教との間の友好関係と忠誠を獲得した。

きわめて頻繁に、君主はこの単なる監視の権利を越えて、高位聖職者を任命するに至った。クローヴィスは依然として異教徒だったが、カトリックの指導者の暗黙の合意によって新しいアラス司教〔ヴェダスト〕を選出した。たしかにほとんどの場合、国王は有能な人物を司教に任命した。たとえば高い道徳を備えた修道僧や、あるいは行政の才能で知られる元高官などである。地方の人びとは司教の選出にあたって国王の干渉を簡単に受けいれた。スキャンダルが生じたのは、君主が候補者を優遇するために腐敗政治を行った後や、都市の外部の人物を任命した後だけだった。

しかし、司教選出の制御は地方の司教団の独立を制御するには不十分だった。実際、あらゆる司教は理論上、聖別されたその日から罷免されなかった。一部〔の司教〕はこの処罰されない権力を盾にとって王を妨害した。とりわけ、司教たちは王を妨害すべく、不正をはたらいた。彼らは王を裏切って、ローマ帝国や、カトリック教徒に対してより好意的と判断されたほかの蛮族を優遇したのである。こうした裏切りに直面して君主は一般に流刑でもって対抗した。また、緊迫しているとき、君主はカトリック教会に、死んだ司教に代えて別の人物を据え置くことを禁じることもあった。たとえば四七五年、西ゴート族は九つの反抗的な都市に対して、司教の選出権を持つことを禁じたが、後に、政治的集会を禁じる代わりにこの権力を都市に再び付与した。

総じて、王権が二つの異なる宗派に属する司教団と共存することは可能だったようである。しかしその共存は、両党派に細やかな慎重さと公的利益への鋭い感覚を同時に課しつつ、見事な政治的駆け引きができるかどうかが問題だった。

II　国家的改宗

カトリック教会の司教は異教の王やアリウス派の王との協力を受けいれたものの、彼らに改宗を勧めようという熱意はまったく発揮しなかった。〔しかしながら〕帝国の再興のみがキリスト教の布教を可能にするというオロシウスの考えも、依然として意味深長だった。それゆえ、五世紀末以降アリウス派国家が政治的失敗を経験したことを受けて、多くの君主は異端から離脱しようとした。同時に、ビザンツ帝国の権力が勝利を引き寄せているように思われると、オルトドクシー〔正教〕信仰が突然魅力的なものになった。また、後期ローマ帝国のある政治的格言は、国家における宗教的統一性が政治的統一性を堅固にすることを望んでいた。この考え方は、ローマ化した蛮族の指導者の心の中に残りつづけたと思われる。

1　改宗のプロセス

あらゆる蛮族王国では、上からの改宗、すなわち社会的エリートから始まって下層へ浸透していく形の改宗が行われた。この宗教上の変化はひじょうにゆっくりとしたやり方で行われ、その方法はどの国家でもほとんど同じだった。

改宗の第一の局面が出現したのは、ある蛮族の君主が、自分自身は〔カトリックに〕改宗せずに、カトリック信仰に対して特権や土地の贈与という形で並外れた好意を示しはじめたときである。この現象はフランク族においては四七〇年代から、ブルグンド族においては五〇〇年代に生じた。よく知られているように、指導者は徐々に部族的宗教を廃止しつつあった。しかし、先祖を裏切っているという印象を与えかねなかったので、その決定を公にすることはなかった。いくつかの事例において、王は個人的に洗礼を受けたが、公的には〔改宗〕前の宗教の儀式を行いつづけた。たとえば六二〇年代に、東アングリアのレドヴァルド王は王宮の異教の寺院に生け贄を捧げつづけていたが、個人的信仰のために王宮内にキリスト教の祭壇を整備させた。

改宗の第二の局面は、蛮族の王がカトリックに公的に改宗したのと同時期である。フランク人クローヴィスは五〇〇年の後まもなく、改宗の動きを始め、その後ブルグンド出身の後継者ジギスムンドが五〇六年から五〇八年頃、それに続いて改宗活動を行った。西ゴート王レカレドは五八九年にアリウス派信仰をやめた。また、ランゴバルド王朝は長い間ためらったものの、六五五年頃、最終的に完全にカトリックを信仰するようになった。他方アングロ・サクソン族君主の改宗は、メロヴィング朝の王権、アイルランドの修道僧、教皇が派遣した使節という三つの影響力の下で、六〇〇年代から六八〇年代の間に段階的に展開した。蛮族の王の改宗は、一般に有力者の集会の招集と同時に行われた。有力者は国家の改宗について最終決定を下さなければならなかった。このような会議のときは、前の宗教の信奉者の反動が表面化する可能性があったため、王朝にとって危険だった。

そのような危機がうまく回避できたら、王は貴族階級に自分の選んだ宗教を信奉するよう招待した。その際、特に宗教をともにする者にのみ官吏のポストを授ける方法がとられた。〔新しい宗教が〕馴染んでしばらくたった後、国家は改宗の第三の局面へと進んだと思われる。すなわち、前の宗教の証を強制的に破壊したのである。たとえばフランク族の世界では、クローヴィスの息子らがかつての異教の崇拝の地を焼き払った。また同様に、西ゴート族は改宗してまもなくアリウス派の典礼書の破壊を命じた。

改宗の第四の局面をなしているのは制度の抜本的なキリスト教化である。この局面は、あらゆる臣民に対する、日曜日に休息をとるべきだという国王の命令の発信と、さらに民事訴訟の主催が特徴的である。こうした主導権は、大半の王国では、最初の指導者が改宗してから百年たってやっと生じた。すべての貴族がすでに改宗していた時代においては、少数民族にキリスト教的規範を課すこととなった。

2　蛮族と現地民の融合が加速した

新しい王国において、ローマ人と蛮族との間の宗教的隔たりが消滅したことによって、住民の二つの構成要素の接近が容易になった。より正確にいえば、改宗によって二つの世界のエリートが社会的慣習をともにしているために集まることが可能になった。

蛮族の貴族にとって、カトリック教徒になることは最終的に高位聖職者の座を獲得しうることを意味した。その俗界と聖界における権力は、それまでローマ人貴族階級が独占していた。ところで、蛮族の司教団への参入は常に、民族の改宗のすぐ後に起こったことが確認されている。たとえば、フランク族最初の司教はクローヴィスの洗礼から十年以内に現れた。また西ゴート族でも、レカレド王は五八九年に、元アリウス派司教が〔アリウス派での位階の〕称号と機能を維持しながら、カトリック教会の聖職位階に受容されるように命じた。

また、改宗によって蛮族がローマ人と日常で接する機会も増えた。実際、どのような教会法的規定も同じ信仰の者同士の食事や結婚を禁止していなかった。貴族階級の混血もそれに応じて増えた。より総体的には、二つのエリートはその後同一の社会的戦略を展開した。たとえば六世紀から、多くの裕福な土地所有者は小規模な私有聖堂を自分の土地に建設させ、服属者はローマ人であれ蛮族であれ、その聖堂で聖務を行った。崇拝地の所有者が司祭の任命権を行使したため、建設者の家族は数世代にわたって祈りの地に強い支配を保持した。それゆえ、多くの蛮族は田舎に定着するに至った。

考古学的観点からいえば、支配的集団の社会的戦略は葬式の時にもっとも明瞭に実行された。改宗するまで、異教のエリートとキリスト教のエリートはきわめて異なる慣習を保持していた。これが、蛮族とローマ人の間の隔たりを示していた。蛮族がカトリックを信仰するようになってからは、彼らは「聖人の傍に」(*ad sanctos*) 埋葬するローマ的様式へと転じた。きわめて頻繁に、同じ親族の死者は同じ聖域に埋葬された。それは一般に、一族の私有地にある小さい私有聖堂だった。また、ときに家族は遺体が眠る異教の墳丘から新しい教会へと先祖の遺体を移動させた。ときにこの移転は、その家系が最近まで偶像崇拝をしていたことを忘れさせる方法で行われた。

最後に、貴族階級の家系の民族的アイデンティティについて、もはやだれも気にしなくなった。むしろ重要だったのは、一方であらゆる貴族が自分を敬虔なキリスト教徒だと考えていながら、他方で彼らの従属民（召使い、農民、戦士）は「さほど」キリスト教を深く信仰していないと考えられた点である。宗教的差異はそれまで民族の違いと解釈されてきたが、この頃から社会的地位の違いという形で捉えられるようになった。

3　宗教的違いにより民族を区別することがなくなった

上からの改宗のプロセスの末、自分自身を「きわめて敬虔なキリスト教徒」だと思っている高位のエリートから、異教や異端の極限とけなされた地方の貧しい居住者（*rustici*, ルスティキ）に至るまで、社会のほぼ全体がキリスト教化された。たとえば七世紀から、かつて蛮族を意味していたゲンティレスの語はむしろ異教を意味するようになった。このプロセスは統合的なアイデンティティの建設に寄与した。その後、あらゆるキリスト教徒の自由人は、生まれと関係なく完全な権利を持った王国の民と考えられるようになった。しかし、この変化によって一部の人間は蚊帳の外に置かれた。

まず、蛮族国家で以前信じられていた宗教の擁護者は、生活しにくい状況に置かれた。彼らはときに、君主がローマ人の宗教のために自分の信仰を犠牲にしていることを批判した。洗礼した王とその家族を失脚させようとする簒奪者の中に、最後の異教徒や最後のアリウス派信者が頻繁にみられたことも、驚くに値しない。

次に征服地において、征服者と被征服者の間で宗教が異なっていたことは、両者の敵対関係を助長した。たとえば七世紀にバイエルンとフリジアにおいて、フランク族出身の者は露骨なカトリック信仰によって土着のエリートと区別された。それに対して、異教の聖域は地方の諸民族をまとめあげて、メロヴィング朝の拡大に抵抗した。この事例においては、宗教的差異が政治的統合の拒絶を象徴している。

最後に蛮族の国家的改宗によって、カトリックを信仰しない少数派のローマ人を辺境に追いやる結果となった。その最たる例は、イスパニアのプリスキリアヌス派〔厳格な禁欲主義〕の信者やイタリアのマニ教徒などといった、残留していたいくつかの古い異教・異端信者である。しかし宗教的統一はなによりもまずユダヤ教共同体を脅かした。それまでユダヤ教共同体は、異教や異端の王の寛容政策のおかげで比較的安全な状況に置かれていた。新しい国家がカトリックを選択してから、ユダヤ教徒は嫌疑の目で見られるようになった。六世紀の末からは、蛮族の王が逆にカトリック教徒との結婚、キリスト教を信じる奴隷の所有、官吏のポストへの就職を禁じる古いローマ法を再び有効にした〔かつてはローマ人が蛮族を疎外するために制定した法を、今度は蛮族がユダヤ教徒を疎外するために再利用した〕。

一部の蛮族の君主は抵抗を押しきって最後の一歩を踏み出し、キリスト教以外を認めない排他主義へと歩みを進めた。彼らは権威主義的なやり方で国家の宗教と異なる宗教を一切合切排除した。たとえば、フランク族の世界では六三二年に、ダゴベルト一世は非カトリック教徒の全住民に〔カトリックへの〕改宗を強制した。同様に六一二年、西ゴート王シセブートはイスパニアのユダヤ教徒の共同体の迫害に着手した。それから八十年間、ユダヤ教徒はキリスト教に信心深い王から「邪悪な臣民」と目された。より現実的には、ウエセックスの王イネは六九〇年頃、生まれたばかりの子供に洗礼を求めたが、その子の親には自分の信じたい宗教を信仰する自由を与えた。世代の変化の恩恵に浴して、イネは王国から異教信仰を抹消したのである。

蛮族の王がカトリック以外の宗教に向けたこうした新しい注意は、七世紀に大半の新しい王国で「ローマ人」と「蛮族」の区別がもはや有効な基準をなさなくなったことを示すには十分である。この区別は、保守主義、スノビスム、地方主義によってのみ維持可能であった。

III　イデオロギーに役立ったキリスト教化

カトリックの司教たちは蛮族の改宗において副次的な役割しか担わなかったが、新しい受洗者への手助けとなることをたちまちのうちに持ちかけた。たとえば、彼らは権力に関する新しい理論を発展させた。これによって、王は人民との関係をさまざまな方法で検討することができた。

1　王権のキリスト教的理論化

五世紀において、蛮族の王権は依然としてきわめて不安定だった。反乱は頻発し、王の殺害は多く、どのような王朝も三世代以上続くことはなかった。ランゴバルド族などの一部の民族においては、長期間にわたる君主の空位さえ生じ、権力は単なる軍司令官の手に戻ってきた。カトリックへの改宗は簒奪や暗殺に終止符を打つことこそなかったが、教会は君主に、臣民の目の前で自身の権力を正当化することを可能にする概念装置を与えた。

まず異教時代、王は権力を持つならばその根拠が示されなければならない、と蛮族は考えた。フランク族とブルグンド族においては、王権は選挙に基づいており、一時的なものだった。戦で敗北したり不作が生じたりすると、王は失脚し、さらに異教の神々への生け贄となった。逆に、旧約聖書は王の人格を非難できないものと考えている。なぜならあらゆる権力は神に由来するからである。創造主は世代ごとにひとりの人間に地上における権力を託し、歴史の救済計画に供させた。初期中世の政治神学は、こうした聖書的な見方を継承している。カトリック教徒の立場からすれば、もしある王が有害、無能、放埒だと判断されれば、その過ちは王が支配する民族に責任があった。その民族が罪を犯したので、神がこのようにして〔優れていない王を持つという〕罰を与えたのである。

このような概念は蛮族のきわめて不安定な王座を強化することを可能にした。たとえば六三三年のトレド第四会議において、イスパニアの司教らは西ゴート族の王位を簒奪しようとしたあらゆる人間に対してアナテマ〔破門〕を言い渡した。七世紀において、トレドの指導者の安全性を強化するために、イスパニア司教団は旧約聖書にみられる王の聖別の儀式に再び価値を見出した。聖油を授かって人民を保護する誓約を行うと、西ゴート王は理論上、不可侵となった。

あるいはフランク族の世界では、こうした王国の機能のキリスト教化はむしろ、国王は地上における神の代理人で、世界の秩序を保証する責任を負っているという考えを強調した。たとえば六四〇年代に、ある司教は君主にあてて次のように書き送った。「陛下、次のことをおわかりになって下さい。陛下は、善をなす者にとっては親切な補佐人、悪をなす者にとっては恐ろしい力を持った審判員と思われるために、神によってこの地に据え置かれた神の使いでおられます」。全世界の調和を保証する責任はひとつの家系だけに託された。その家系はどの世代においても、強くかつ敬虔な個人を生みだした。たとえば教会は、メロヴィング朝の存在に摂理による正当性を認めた。その代わりに、司教はダヴィデやソロモンの時代の預言者がそうであったように、自分たちが王に対してよい助言を与える権利を持っていることを確認した。

あるいはランゴバルド族において、権力のキリスト教化はむしろ王家の女性を刺激した。実際、王妃や王女は教会や大規模な修道院を建設し、そこで王国の安定のために祈らせた。同様に敬虔な王家の女性と結婚した男性が王位を求めるのは合法的なこととされ、少なくとも自ら王位を主張した。こうして、結婚によって王位の移譲が正当化された。これはランゴバルド族においてもっとも頻繁にみられた後継の方法であった。

他方、アングロ・サクソン族とブルグンド族はむしろ、聖なる王というモデルを発達させた。侵略に遭って臣民を保護するために犠牲になった数人の君主は、祭壇を築かれて神格化され、彼らの聖遺物に巨大な権力が与えられた。こうした君主政治は総じてこの聖なるオーラを活用していた。

2 キリスト教的合法性という道具

教会の言説だけでは、王の機能をキリスト教化するには不十分だった。君主は文書の中で宗教に執着していた証拠を示すことも必要だった。彼は臣民全体に対して行使した権力を、次に列挙するような義務を遂行することによって正当化することができただろう。

まず、王は教会財産と聖職者の保護を保証しなければならなかった。これは、略奪や捕虜の獲得という特権をもたらす戦争を定常的に行ってきた一般的な慣例に逆行するものだった。キリスト教的イデオロギーの維持を達成するため、蛮族の王は自分の民族の慣習に背かなければならなかった。たとえばクローヴィスは、自分の軍隊が強奪した聖杯やかの有名な「ソワソンの壺」を、戦利品分割の一般的規定に反して司教に返させた。また、五〇七年のアキタニア略奪の後、このフランク族の王はまた自分の軍隊が捕虜にした聖職者たちを解放した。この二つの事例において、キリスト教信仰は君主の権力強化の正当化を可能にしている。

第二に、王は自分の任務を全うするため、教会において秩序が保たれている状態を確保しなければならなかった。そのために、王は司教らを教会会議に召集した。大規模な集会のとき、召集状のリストでは司教区の境界ではなく（このリストではローマの元属州の境界がそのまま用いられていた）、政治的領域区分が尊重されていた。「民族」的と呼ばれる教会会議はそれゆえ、新しい領域的統一体、蛮族王国の統一体にとっての象徴となった。フランク族の世界で、六一四年のパリ教会会議は、とりわけ国王クロタール二世に、長い内乱の末に王国が再統一されたことを宣言する機会を与えた。また西ゴート族においては、トレドで頻繁に開かれた民族の教会会議で国王はトムス（*tomus*）と呼ばれるスピーチを読み上げる機会を得た。これには施政方針演説が含まれていた。

教会集会はなによりもまず代表の役割を持っていたが、それだけでなく教会の規律、すなわち教会法に関することも扱った。民政面では、王は頻繁に承認の告示を発することによってこういった規定を尊重させた。総じて教会会議で発行された教会法は、特に典礼とキリスト教的道徳を統一することで、王国がキリスト教化に邁進することを目論んでいた。その分野においては、司教は特に「近親相姦」、すなわち近い親等の関係にあるいとこ同士や姻戚関係にある者同士の結婚の禁止を要求した。このような類いの結びつきは概して蛮族によって行われたので、異教の痕跡を見出した聖職者たちを戦慄させた。抜け目のない王は教会会議で出された近親相姦禁止の規定を活用して、彼らの貴族階級の婚姻政策を適切に監視した。内婚を禁じれば有力者の財産を分散させることができるので、君主にとってこの禁止条項は好都合このうえなかった。

当然、キリスト教的合法性を享受するためには、王は自らが積極的に告示に関与した新しい道徳を遵守しなければならなかった。〔しかし〕実際には、〔王自身の〕個人的選択や政治的命令はしばしば、教会法的規定に反していた。司教はそれらを黙認することもあったが、王の罪があまりに重大だと判断される場合は、権力への反対勢力を気取った。フランク王カリベルトゥス一世は自分の義理の姉妹でもあった修道女〔マルコヴェファ〕と結婚し、〔五六七年のトゥール〕教会会議で破門された。しかし、蛮族の王に対する教会的制裁の影響は多様だった。五四〇年代、メロヴィング家のテオデベルト一世は、非合法な結婚の後に公的に悔悛して、家臣団からの賞賛を引き出した。もっとも、西ゴート王ワンバは眠りながら悔悛したため、六八〇年に君臨するにふさわしくないと宣言された。

キリスト教徒の王は模範的な行動を公的に示すことができなかったので、常に名声ある聖遺物に囲まれているようにした。王は、さまざまな奉仕の見返りに数名の殉教者の遺体を教皇から授かった。かくしてこれらの聖遺物は、君主とキリスト教を信じるローマの後見権力間の関係の象徴となった。ほかの王国聖遺物は「民族」の聖人に由来していた。たとえばブルグンド族に由来するマウリティウス、フランク族に由来するマルティヌス、といった具合である。ビザンツ皇帝は西方の王に、自分が保管している聖十字架を送った。ここにおいて平和が保証されたのである。もっとも有力な聖遺物は王宮に保存された。王はそれを利用して、自分の官吏や忠臣の宣誓を保証した〔聖遺物の名にかけて宣誓させた〕。

3 新しいアイデンティティの誕生

実に逆説的なことに、蛮族が一様にニカイア公会議で正統と認められた宗派へと改宗したにもかかわらず、西方が再統合されることはなかった。改宗はむしろその派閥対立を増大させた。実際、蛮族の王たちのカトリック信仰は、本当に普遍的な意味で一致しているわけではなかった。いくつかの王国では、宗教はむしろ臣民のさまざまな構成要素間での団結の要因となった。この「民族」的キリスト教化のおかげで、ひとつの民族ないし民族共同体の存在を正当化することが可能となった。

アングロ・サクソン族の事例がもっとも明快である。大ブリテン島の元属州の東部に建設された王国の集合体が深い民族的統一性を示していたという意見を述べる史料は、八世紀以前にはいっさい存在しない。しかし七三二年、尊者ベーダは『イギリス教会史』を著した。彼はこの書物において、移動の最中にある民族の歴史にはじめて言及した。この民族は大ブリテン島に定住するよう、そして正しい信仰へと改宗するよう、摂理によって呼びかけられたのである。この語りは、純粋に宗教的な基盤に基づいて、アングロ・サクソン族の民族的、政治的アイデンティティを確立した。ベーダの後、イングランドのこの民族の存在に疑問を投げかけ、再検討を求める立場をとる者はもはや現れなかった。

ランゴバルド族においても同様に、カトリック信仰は統合を促進する役割を担った。六九八年に比定される『パヴィア会議についての詩』において、ランゴバルド正教が現れた。それと同時期に、アリペルト一世（六五三―六六一年）の王朝が建設された。それ以来、歴代の王たちは、改宗、アリウス派の抹消、ユダヤ教徒の迫害、分裂〔シスマ〕の解決などといった仕事に協力している。最後に、王国に定住してアリペルトの王朝に服従するあらゆるキリスト教徒は、ランゴバルド族とみなされた。北方におけるイタリア人〔ランゴバルド族〕のローマ人アイデンティティはこうして完全に消えさった。

宗教的基盤の上に統一的なアイデンティティが形成された最良の例は、イスパニアに見出すことができる。六三〇年頃、セビリヤのイシドールスは西ゴート族、スエビ族、ローマ人、バスク人をトレドの王の臣民のひとつとして同定している。史料によれば、その半世紀後、その地に住んでいたのは宗教と民族を両方とも保護する責任を負う君主の下に服従する西ゴート族のみだった。このため、属人主義は消滅し、代わって強くキリスト教化した属地主義が登場した。非キリスト教徒、とりわけユダヤ教徒は「イスパニアの敵」とレッテルを貼られた。なぜなら彼らは、新しい民族意識を築き上げようという政治的、宗教的合意への賛同を拒否していたからだ。

フランク族においては、アイデンティティの決定的な融合が、上記の民族と比べて遅かったようである。この融合は、初期カロリング朝の思想家の影響の下で、八世紀になってやっと現れた。彼らは、フランク族が自分たちの歴史を通じて、永遠の神による保護を享受したと考えた。こうした事実が、フランク族を一種の新しい選民に仕立て上げた。しかし、「フランク族」とみなされたのは、移動の過程でヨーロッパにやってきた蛮族のみならず、フランク王の支配領域に暮らす、キリスト教を信じる臣民の総体だった。

結論

ローマと蛮族が接触して六〇〇年たった後、西方社会に起こった実際の変容〔がなんであったか〕を問うてみよう。

政治的変化があったことに否定の余地はない。ローマ法で固められ一枚岩だったローマ帝国の後継者は、独立した蛮族王国の寄せ集めだった。この集団に統一性を築き上げたのはもはや国家への忠誠などではなく、むしろ王への忠誠だった。

逆に、社会変革はどうだろうか。たしかに、西方のエリートの説明においては、〔蛮族が入ってきた〕後に戦闘員の職務〔の重要性〕は教養人や官吏〔のそれ〕に勝るようになった。とはいえ教養人や官吏が消えたわけではなかった。さらに、地方権力の基盤は依然として土地所有だった。このことはすでに古代ローマにおいても妥当していた。

文化的には、蛮族がもたらしたものは取るに足らなかったようである。しかし、西方の政治的分裂はラテン語からの乖離をもたらした。同様に、ゲルマン系であれブリトン系であれ、現地語が、それまでは少ししか、あるいはまったく使われていなかった地域に広まった。古代の文化にアクセスできるのは、格調高いラテン語を操る能力が要されたため、少数のエリートに限られ、徐々に聖職者に限られるようになっていった。

すると、大規模な変容は、さまざまな蛮族王権によって完遂されたキリスト教化の勝利だったのではないだろうか。カトリック信仰は、後にローマ文化に代わってヨーロッパのさまざまな地に共通の要素となり、新しい国家は臣民を統率するために教会に頼った。こうして中世の文明の最初の一歩が踏み出された。

総じて、ローマ世界は消滅したのではなく、蛮族軍の圧力の下で変容したのである。このプロセスは新しい民族的アイデンティティの形成をもたらした。それはおそらくローマ市民権ほど流布しなかったが、このアイデンティティを中心として新しい民族がゆっくりと形成された。たとえば七世紀において、フランク族は、古代においてライン川とドナウ川の向こう側に住んでいた蛮族の子孫では必ずしもなかった。実際彼らは、自由人で、キリスト教を信じていて、フランク族の王に忠実だった人間にすぎなかった。こうした理由で、蛮族王国は昔の民族的アイデンティティを継承したのではなく、彼ら自身が民族的アイデンティティに新たな価値を見出したのだった。

年表

二三八	ゴート族がはじめて黒海へ襲撃
二七六	ギリシアとガリアへ蛮族が侵入
二八四—三〇五	ディオクレティアヌスの統治とテトラルキアの実施
三二五	ニカイア公会議
三七八	アドリアノープルの戦い
三九五	テオドシウス帝の息子の間でローマ帝国を分割
四〇七	ヴァンダル族、スエビ族、アラン族がガリアへ侵入
四〇八	スティリコの暗殺
四一〇	ゴート族の王アラリックによるローマ略奪
四一〇—四四〇頃	ローマ帝国が大ブリテン島を放棄
四一八	フォエドゥスでゴート族がアキタニアに定住
四二九	ヴァンダル族がアフリカ属州を侵略

四五一　アッティラがガリアへ侵入、カタラウヌムの戦い
四五四　将軍アエティウスの死去
四五五　ガイセリック王の率いるヴァンダル族がローマを略奪
四六八　ローマ人によるアフリカ再征服の失敗
四七六　西ローマ帝国の滅亡
四九三　東ゴート族がイタリアを征服
五〇〇頃　クローヴィスの洗礼
五〇六　『アラリック抄典』の公布
五〇七　ヴイエの戦いでフランク族が西ゴート族に勝利
五二六　東ゴート族の王テオドリックの死去
五三四　ビザンツ帝国がヴァンダル族の支配下のアフリカを再征服
　　　　フランク族がブルグンド王国を併合
五五二　ビザンツ帝国がイタリアを再征服
五六八　ランゴバルド族がイタリアを征服
五八九　西ゴート族がカトリックに改宗
七三二　尊者ベーダが『イギリス教会史』を編纂

訳者あとがき

本書は、*Les royaumes barbares en Occident*. [Que sais-je ?, n° 3877] 2e édition. Paris, PUF, 2016. 128p. の日本語訳である。

古代末期から初期中世と呼ばれる二〜七世紀。地中海の周辺世界には、いくつもの部族集団が到来し、やがて定住した。「蛮族」や「部族」と呼ばれるそれらの集団を、近代の歴史学、特に十九世紀以来の歴史学は、「民族」集団として捉えて現代ヨーロッパに至る源流とも考えてきた。

他方、そこにはローマ帝国がひとつの文明世界を営んでいたから、一連の現象は「ローマ帝国の崩壊」のストーリーとしても紡がれてきた。ひとつの文明世界が瓦解し、それを養分としながら新しい世界の芽が吹いた、と理解されてきた。

著者のマガリ・クメールとブリューノ・デュメジルは、斯学における現代フランス歴史学界のホープである。古代末期、初期中世のヨーロッパを俯瞰して、それぞれの地点に分け入り、ときに微細に、ときに雄大に考察を積み上げてきた。この両者による共著であるから、本書は、フランス読書界でもひとつの定番テキストとして版を重ねているようだ。

現時点で、二〇一七年八月刊の第三版が出ている。本来なら最新版にもとづくべきところかもしれないが、版権取得時期の関係で、本書は第二版を底本としている。もっとも改変は少なく、両版の異同は巻末に一覧しておいたので、適宜参照いただきたい。

本書は、古くて新しい研究対象に、最新の研究成果を踏まえて切り込んだ注目すべき書物である。周知のようにカエサルの昔から、アルプスの北側にゲルマン人らがいたことは認識されていた。本書でも、そのとき以来のローマ帝国との関係は言及されている。しかし本書の真骨頂はむしろ、四世紀後半に諸部族が、ローマ帝国内で自らの社会・国家形成の方向に動き出して以降の説明、その明快な叙述にある。彼らの社会は、六世紀になるとまさに王国と呼べる政治社会単位にまで成長した。その間の経緯、新しく立ち上がった国家の性格、その内部組織の特徴などが、それぞれの段階に応じてきわめてクリアに解説されているのである。

「中世的秩序の形成」という問題は、近年熱い視線が注がれている分野である。

この点で本書は、地中海世界の全体を見渡して、東のビザンツ帝国事情をも含めて「諸部族国家の形成」について語っているところに特長がある。たとえば、ビザンツ帝国の東また北の境域における「蛮族」たちの襲撃の方が、皇帝たちにとっては手を焼いた、と正しく指摘されている。また、西帝国の北方境域における諸民族の侵入についても、「三世紀の蛮族の軍隊は、領域を征服しようとも帝国と戦争して勝とうともしていなかった」と興味深い指摘がなされている（三四頁）。端的に、それは襲撃というより略奪だ、というのだ。

この指摘は、四世紀末以降に帝国領内にいくつもの諸部族国家が建設された事実をどう考えるべきか、という点で重要な観点となってくる。

東方戦線では、ササン朝ペルシアが領土的野心を露骨にしていた。この野心のもとに、両帝国のはざまにあったアラブ人各部族が、より有意な交渉を両帝国と繰り広げていた。それが当時の実態であり、深刻な事態を迎えていたのは、西ではなく東だったのである。

東方へのこの顧慮を忘れると、ゲルマン民族の国家形成、つまりヨーロッパの成立論も、ヨーロッパ人による危うい自己賛美になりかねない。

さて、周知のように、二十世紀末以来の東西冷戦構造の瓦解が、各地の民族問題を孕んで今日的世界情勢を生んだことで、新たに発生した難民・移民への視線が熱く語られる現在でもある。近年のこの移民・難民現象が、古代末期〜初期中世の現象への一般的関心を高めているようでもある。特にフランスでの移民・難民問題は、ひとつの大きな政治問題ともなっている。この並行現象への関心にも的確に応えようとしているのが、本書といってよい。

本文はフランスの一定程度の教養ある読者を前提にしている。彼らのヨーロッパ史に関する知識を、おそらくわれわれ日本人はもっていない。本文中に多く登場する固有名詞、事件等について、できる範囲で、かつ簡潔に訳者による注記を〔　〕で補った。なお、人名については煩雑になるので、巻末の人名索引において同様の情報を補ったので、参照いただきたい。

なお、細かな訳語についてひとつ例示的に指摘をしておきたい。「戦う者」について、原著者らは複数のフランス語を用いている。「将軍」général は別として、「戦士」guerrier、「兵士」soldat、「戦闘員」combattant を弁別しており、それぞれの日本訳語を当てた。「戦士」は多分に職能的、身分的な呼称、「兵士」も同様だが、徴兵により後方支援も含めて軍務に服していた者たちを指している。他方「戦闘員」は、実際の戦いの場面において文字通り戦闘に関わった者たちとなる。もちろん「戦士」「兵士」も、実際の戦闘行為を行っただろうことは言うを俟たない。

原題に掲げられる les royaumes barbares について一言。本来「蛮族王国」と訳すべきところで、本文中ではそう訳している。しかし、本書のタイトルはご覧の通り『ヨーロッパとゲルマン部族国家』とした。理由はシンプルで、各部族社会が「王国」となるのは比較的時間が経ってから、つまり五世紀以降のことであり、本書はそれ以前からの歴史を叙述しているからである。

最後に本訳書刊行に至るまでの経緯について、私事を含めて記すことをお許し願いたい。

私のゼミナール参加者を中心に学部生、大学院生らと講読したのが本書訳出のきっかけとなった。

講読班のリーダー格となったのが小澤雄太郎君である。彼は、学部生のフランス語指導も積極的に担当し、初学者のフランス語力、内容理解もたちまちのうちに上達していったものだ。日本語訳は同君の精励もあって彼のフランス留学前には一応完成していた。その後、私の都合でチェック作業が遅れ、彼には迷惑を掛けてしまった。結局、同君の帰国後に、私と彼とで原文の内容理解を重ねていき、訳文の調子も整えていった。原書に散見された事実誤記（年号等）もいくつか正された。もちろん周辺事項の調査も行い、上述のようにこの間に第三版が出来し、同君は両版間の異同チェックも担当してくれた。巻末の索引も、小澤の作成になるものである。もとより訳文の最終的な責任は両者にあるが、周辺作業を含めて改めて同君の精励に感謝したい。

なお、白水社編集部の小川弓枝氏には、原文と照らし合わせての日本語訳チェック作業を含め、大変お世話になった。私個人の都合で出版が遅れたことをお詫びしつつ、諸般のご配慮に改めて御礼申し上げる。

二〇一九年三月一日

大月康弘

第二版（二〇一六年刊）と第三版（二〇一七年刊）の相違点（頁は本訳書のもの）

訳文に影響する修正

二一頁二行目：「二〇一三年」（En 2013）▼「二〇一七年」（En 2017）

二六頁「Ⅳ」の序文：大幅に加筆修正されている

二八頁三〜四行目：「しかし（…）語ったとしても」Même si ... ▼「ところが（…）語ったとしても」
Toutefois, si...

九五頁八行目：「（原文ママ）」（*sic*）が削除された

一一七頁一二行目：「ゲルマン的地方裁判であるマルス」un tribunal local de type germanique, le *mallus* ▼「地方裁判であるマルス」un tribunal local, le *mallus*

一五一頁三〜四行目：「ローマ法で固められ一枚岩だったローマ帝国」un Empire monolithique, cimenté par la loi romaine, ▼「ローマ法で固められ政治的に統合されていたローマ帝国」un
Empire politiquement uni et cimenté par la loi romaine

参考文献：二冊追加（Dumézil の三冊目と Delaplace）

訳文に影響のない細やかな修正

七頁第二段落一行目：「啓蒙主義時代」Siècle des lumières ▼ siècle des Lumières（大文字と小文字の

入れ替え）

一一頁二行目：「歴史」Histoire を histoire に（大文字を小文字に）変更

一三頁五行目：「歴史」Histoire を histoire に（大文字を小文字に）変更

二八頁六〜七行目　各疑問文に付いていた疑問符「?·」が削除された

一〇一頁三行目：「歴史の救済計画」du plan providentiel de l'Histoire における Histoire を histoire に（大文字を小文字に）変更

一〇七頁地図のタイトル：「西欧」l'Occident を L'Occident に（小文字のエルを大文字に）変更

一二〇頁四行目：『テオドシウス法典』*Code Théodosien* を Code théodosien に（イタリック体を立体に、またTを小文字に）変更

一四四頁四行目：「歴史の救済計画」における Histoire を histoire に変更（大文字を小文字に変更。一〇一頁と同じ）

訳者略歴
大月康弘（おおつき・やすひろ）
1962 年生まれ
1985 年一橋大学経済学部卒
経済史、西洋中世史、ビザンツ学専攻
現在、一橋大学大学院経済学研究科教授
主要著訳著
『帝国と慈善　ビザンツ』（創文社）
『ヨーロッパ　時空の交差点』（創文社）
ピエール・マラヴァル『皇帝ユスティニアヌス』（白水社文庫クセジュ 883）
ベルナール・フリューザン『ビザンツ文明』（白水社文庫クセジュ 937）

小澤雄太郎（おざわ・ゆうたろう）
1990 年生まれ
2013 年一橋大学経済学部卒
2015 年一橋大学大学院経済学研究科修士課程修了
2018 年リール第三大学歴史学科修士課程修了
西洋中世史専攻
現在、一橋大学大学院経済学研究科博士後期課程
主要論文
「ヒンクマール『教会と礼拝堂について』をめぐる研究史――私有教会概念からの脱却」『一橋大学社会科学古典資料センター年報』37、13–25 頁
« La notion du salut chez Hincmar de Reims (845–882) — la lecture de la *Vita Remigii* » リール第三大学修士論文

索　引

人名

ア行

アウィトゥス（390/395頃-456）〔西ローマ皇帝（455-456）〕　70, 72-73, 103
アウグスティヌス（354-430）〔ヒッポ司教（395-430）、『神の国』の著者〕　100
アウタリ（†590）〔ランゴバルド王（584-590）〕　113
アウレリアヌス（†275）〔ローマ皇帝（270-275）〕　35
アエティウス（390頃-454）〔ローマ帝国の軍人〕　67-70, 80, 91, 100, 106, 133, 154
アエリア・エウドキア（†404）〔アルカディウスの妻〕　55, 67, 93
アタウルフ（†415）〔西ゴート王（410-415）〕　64, 66-68, 74, 93
アッタルス（350頃-416）〔西ローマ皇帝（409-410, 414-415）〕　68
アッティラ（406頃-453）〔フン族の王（434-453）〕　24, 69-70, 154
アナスタシウス1世（431-518）〔東ローマ皇帝（491-518）〕　126
アマラスンタ（498-535）〔東ゴート女王（526-535）〕　112
アラリック1世（370頃-410）〔西ゴート王（395-410）〕　21, 40, 62-64, 68, 72, 100, 153
アラリック2世（†507）〔ゴート王（484-507）〕　106, 120
アリピア〔西ローマ皇帝アンテミウスの娘、リキメルの妻〕　93
アリペルト1世〔ランゴバルド王（653-661）〕　149
アルカディウス（377-408）〔東ローマ皇帝（395-408）〕　(37), 55-57, 62, 67, 93
アルボガスト（†394）〔フランク族のローマ将軍〕　39
アルボガスト〔5世紀の人物、上記アルボガストの子孫（孫か曾孫か）〕　94
アレクサンダー大王（前356-323）〔マケドニア王（前336-323）〕　34
アンテミウス（†472）〔西ローマ皇帝（467-472）〕　77-78, 91, 93
アンブロシウス（333頃-397）〔ミラノ司教（374-397）〕　99
アンミアヌス・マルケリヌス（330頃-400頃）〔『歴史』の著者〕　13, 42, 59, 99
イシドールス（560頃-636）〔セビリヤ司教〕　16, 150
イネ（†726以降）〔ウェセックス王（688-726）〕　142
ウァレリアヌス〔軍人皇帝（253-260）〕　34, 46
ウァレンス（328-378）〔ローマ皇帝（364-378）〕　44, 50, 59-60, 88

ウァレンティニアヌス1世（321-375）〔西ローマ皇帝（364-375）〕　39, 50-51
ウァレンティニアヌス2世（371頃-392）〔西ローマ皇帝（375-392）〕　39, 55
ウァレンティニアヌス3世（419-455）〔西ローマ皇帝（425-455）〕　68, 70, 78, 91
ウィクトリウス（†479/480）〔セナトール貴族〕　103
ウィティメル〔4世紀のゴート族の将軍〕　59
ウェゲティウス〔4世紀の軍事論者〕　99
ヴェダスト（†540頃）〔アラス司教〕　135
ウェルギリウス（前70-19）〔『アエネーイス』の著者〕　18
ウォルター・ゴッファート（1934- ）〔ベルギー出身の歴史学者〕　71
ヴォルテール（1694-1778）〔フランスの啓蒙主義者〕　122
ウルディン〔5世紀初頭のフン族の族長〕　69
ウルフィラ（311頃-381/383頃）〔聖書をゴート語訳〕　22, 45, 88
エウゲニウス（†394）〔西ローマ皇帝（392-394）〕　40
エウケリウス〔5世紀のセナトール貴族〕　103
エウタリック（†522頃）〔ゴート人、執政官（519- ）〕　126
エウリック（†484）〔ゴート王（466-484）〕　79, 106, 121, 133
エドゥアール・サラン（1889-1970）〔フランスの考古学者〕　8
エラク〔アッティラの息子〕　70
エルナック〔アッティラの息子〕　70
エレレウヴァ〔テオドリックの母〕　92
エンノディウス（473/474-521）〔東ゴートルネサンスの担い手〕　108
オドアケル（433-493）〔ゲルマンの傭兵隊長〕　79, 108
オレステス（†476）〔イタリアの将軍、ロムルス・アウグストゥルスの父〕　79
オレンティウス〔オーシュの聖人〕　133
オロシウス〔5世紀の教会著作家、『異教徒に対抗する歴史』の著者〕　101, 136

カ行

ガイセリック（390頃-477）〔ヴァンダル王（428-477）〕　40, 64, 154
ガイナス（†400）〔ゴート族の将軍〕　40, 56
カッシオドルス（487頃-583頃）〔『ゴート族の歴史』の著者、東ゴートルネサンスの担い手〕　15, 108
ガッラ・プラチディア（390頃-450）〔テオドシウス帝の娘〕　63, 67, 93

ガッリエヌス（218–268）〔ローマ皇帝（253–268）〕　48
カラカラ（188–217）〔ローマ皇帝（211–217）、ローマ帝国の全自由民にローマ市民権を付与〕　99, 119
カリベルトゥス1世（518/523–567）〔フランク王（561–567）〕　147
キルデリック（†481）〔クローヴィスの父〕　85
クニヴァ〔3世紀のゴート王〕　34
クラウディウス（220頃–270）〔軍人皇帝（268–270）〕　35
グラティアヌス（359–383）〔ローマ皇帝（375–383）〕　55, 60
クローヴィス（465–511）〔フランク王（481–511）〕　85, 109, 121, 126, 133, 135, 137–139, 146, 154
クロタール2世（584–629）〔フランク王（613–629）〕　146
グンドバット（†516）〔ブルグンド王（473–516）〕　78, 93, 121
ゴダン〔ランゴバルド族の神〕　17
ゴルディアヌス1世（159–238）〔ローマ皇帝（238）〕　46
コンスタンス1世（323頃–350）〔西ローマ皇帝（337–350）〕　42, 49
コンスタンティウス・クロルス（250頃–306）〔ローマ皇帝（293–306）〕　49
コンスタンティウス2世（317–361）〔ローマ皇帝（337–361）〕　39, 49
コンスタンティウス3世（†421）〔最高司令官（410– ）〕　68
コンスタンティヌス1世（274頃–337）〔東西ローマ皇帝（324–337）〕　38, 42–44, 49, 53, 95, 124, 127
コンスタンティヌス2世（317–340）〔西ローマ皇帝（337–340）〕　49
コンスタンティヌス3世（†411）〔皇帝を僭称（407–411）〕　62

サ行

サルウィアヌス（400頃–470以降）〔マルセイユの聖職者、『神の統治について』の著者〕　102
ジギスムンド（†524）〔ブルグンドの聖人、ブルグンド王（516–523）〕　137
シセブート（†621）〔西ゴート王（612–620）〕　142
シドニウス・アポリナリス（430/433頃–479/486頃）〔ローマの詩人〕　79, 103, 133
シャープール1世（†272）〔ササン朝ペルシアの君主〕　34
ジャン・デュリア（1943–）〔フランスの歴史学者〕　72
ジュヌヴィエーヴ（420頃–502頃）〔パリの聖人〕　94
シルウァヌス（†355）〔総司令官〕　49
シンマクス（340頃–402頃）〔元老院議員〕　99
シンマクス〔ローマ教皇（498–514）〕　135

スティリコ（†408）〔ローマ帝国の将軍〕 55-56, 62-63, 67, 93, 99, 153
セウェルス（146-211）〔セウェルス朝最後の皇帝（193-211）〕 34
セウェルス（†418?）〔メノルカ司教〕 101
セウェルス（†465）〔ローマ皇帝（461-465）〕 73, 78
ゼノン（426-491）〔東ローマ皇帝（474-475, 476-491）〕 79, 108
ゼバスティアン・ブラター（1964- ）〔ドイツの歴史学者〕 28
セレナ（†408）〔スティリコの妻、テオドシウスの姪〕 55, 93
セロナトゥス〔ゴート族に協力して処刑された5世紀の人物〕 103
ソロモン〔イスラエルの王（前971頃-932頃）〕 145

タ行

ダヴィデ〔イスラエルの王（前1010-971）〕 145
タキトゥス（55頃-115以後）〔『ゲルマーニア』の著者〕 13, 20, 86
ダゴベルト1世（600頃-639頃）〔フランク王（628-639）〕 142
ディオクレティアヌス（216頃-316頃）〔ローマ皇帝（284-305）〕 35, 38, 48, 53, 56, 153
テオダハト（490頃-536）〔アマラスンタのいとこで第二の夫、東ゴート王（534-536）〕 112
テオデベルト1世（511以前-547）〔フランク王（533-547）〕 129, 147
テオドシウス〔アタウルフとガッラ・プラチディアの間の息子、幼少期に死亡〕 68
テオドシウス1世（346-395）〔ローマ皇帝（379-395）〕 (37), 55, 57, 60, 62, 65, 67, 78, 93-94, 124, 153
テオドシウス2世（401-450）〔東ローマ皇帝（408-450）〕 40, 93-94
テオドリック1世（†451）〔西ゴート王（418-451）〕 66
テオドリック2世（†466）〔西ゴート王（453-466）〕 73, 106
テオドリック大王（454頃-526）〔東ゴート王（471-526）〕 15, 17, 92, 98, 108, 115, 126-128, 133-135, 154
デキウス（200頃-251）〔ローマ皇帝（249-251）〕 34
テルマンティア（†415）〔スティリコの次女〕 93
デンギジック〔アッティラの息子〕 70

ハ行

バウト〔4世紀のフランク族出身の将軍〕 55, 67, 93, 99
ハリウルフ〔プロテクトレス・ドメスティキに所属していた4世紀の人物〕 95
ハンニバル（前247-183）〔カルタゴの将軍、ローマと対抗するも敗北〕 100

ヒエロニムス（340（-50）-419/420）〔キリスト教の教父〕　64, 100
ヒダティウス（427-470頃）〔シャベシュの年代記作家、『年代記』の著者〕　101
フェリックス（†430）〔ローマの将軍〕　68
フネリック（†484）〔ヴァンダル王（477-484）〕　134
フリティゲルン〔4世紀のゴート族の長、テルヴィンギを指導〕　59-60, 88
フレア〔ランゴバルド族の神〕　17
ブレンヌス〔前4世紀頃にローマを襲ったガリア人〕　100
プロコピウス（326頃-366）〔ユリアヌスのいとこで簒奪者〕　39, 44
プロブス（232-282）〔ローマ皇帝（276-282）〕　35
ベーダ（673/674-735）〔イングランドの神学者・歴史家、『イギリス教会史』の著者〕　110-111, 149, 154
ヘルメリック〔リキメルの祖父〕　93
ヘロドトス（前484頃-425頃）〔古代ギリシアの歴史家〕　11
ボエティウス（480-524）〔東ゴートルネサンスの担い手〕　108
ボニファティウス（†432）〔ローマのアフリカ総督、アエティウスに敗れた将軍〕　68
ホノリウス（384-423）〔西ローマ帝国最初の皇帝（395-423）〕　(37), 55-57, 62-64, 66-68, 93, 99

マ行

マウリティウス〔ブルグンド族の聖人〕　148
マクシミヌス・トラクス（173頃-238）〔最初の軍人皇帝（235-238）〕　30
マヨリアヌス（†461）〔ローマ皇帝（457-461）〕　67, 77-78
マリア（†407/408）〔スティリコとセレナの間の子でホノリウスの妻〕　55, 93
マルケリヌス・コメス（†534以降）〔『年代記』の著者〕　80
マルコヴェファ〔カリベルトゥス1世の妻〕　147
マルティヌス〔フランク族の聖人〕　148
メロバウデス〔最高司令官（443- ）〕　55, 100
モンテーニュ（1533-1592）〔ルネサンス期の思想家〕　7

ヤ・ラ・ワ行

ヤーコプ・グリム（1785-1863）〔ドイツの言語学者で『ドイツ神話学』の著者〕　20
ユスティニアヌス（483-565）〔ビザンツ皇帝（527-565）〕　112-113, 117, 128-129
ユリアヌス（332-363）〔ローマ皇帝（361-363）〕　38-39, 45

ヨハネス1世（†526）〔ローマ教皇（523–526）〕　134
ヨルダーネス（†552）〔歴史家、『ゴート族の起源と治績について』の著者〕
　15, 17, 21
ラインハルト・ヴェンスクス（1916–2002）〔ドイツ語史家〕　23
ラウレンティウス〔シンマクスの対立教皇（498, 501–505）〕　135
ラダガイスス（†406）〔ゴート族の王〕　62
ラブレー（1494頃–1553頃）〔ルネサンス期の思想家〕　7
リキメル（†472）〔ローマ帝国の将軍〕　71, 78, 93
ルティリウス・ナマティアヌス〔5世紀のローマの詩人〕　100
レオヴィギルド（†586）〔西ゴート王（568–586）〕　129, 132
レカレド（†601）〔西ゴート王（586–601）〕　137, 139
レキアリウス（†456）〔スエビ族の王（448–456）〕　91
レキラ（†448）〔リキメルの父、スエビ族の王（438–448）〕　93
レドヴァルド（†624頃）〔東アングリア王（599頃–624頃）〕　137
レミギウス（438頃–533頃）〔ランス司教、クローヴィスを洗礼〕　126, 133
ロタリ（†652）〔ランゴバルド王（636–652）〕　121, 132
ロムルス・アウグストゥルス〔西ローマ帝国最後の皇帝（475–476）〕　18,
　79–80
ワリア（†418）〔西ゴート王（415–418）〕　66, 93, 106
ワンバ（†688）〔西ゴート王（672–680）〕　148

書物名（*は日本語訳があるもの）

地名

ア行

カ行

サ行

タ行

ナ行

ハ行

マ行

ヤ・ラ・ワ行

民族名

ア行

カ行

用語

116, 132
トムス *tomus* 146
ドラド教会 114
トリブタリ *tributarii* 51-52
トレド第四会議（633年） 144

ナ行
ナチズム 20, 23
ニカイア公会議（325年） 43, 89, 91, 134, 148, 153
ノミスマ *nomisma* 127

ハ行
バガウダエ 47, 64, 67, 74
バシリカ式 114
ハドリアヌスの長城 110
パトリキオス *patrikios* 93, 117
パリ教会会議（614年） 146
バルバリクム *Barbaricum* 9, 29
東ゴートルネサンス 108
フィスクス *fiscus* 118-119
フォエドゥス *foedus* 52, 65-67, 69-70, 72, 77, 103, 106, 153
フランシスク 83
フリギドゥスの戦い（394年） 40
プリスキリアヌス派 141
プロテクトレス・ドメスティキ *Protectores Domestici* 95
ホスピタリタス *hospilitas* 71
ホモイオス（相似説）派 88-89, 91

マ行
マニ教 142
マルス *mallus* 117
民族史 *Historia gentium* 15-16
ムンディウム *mundium* 123
メロヴィング 109-110, 116, 118, 121, 125, 138, 141, 145, 147
モヌメンタ・ゲルマニアエ・ヒストリカ *Monumenta Germaniae Historica* 8

ラ行
ラエティ *laeti* 51-53
ラテン語 9, 15-18, 26, 52, 89, 96-97, 111, 115-116, 119, 151-152
ラビ 120
リーメス *limes* 32-33, 46, 48-49, 52, 59-60, 63, 74, 94
ルスティキ *rustici* 141
ルネサンス 7
レガリア権 105
レークス・ゲンティウム *rex gentium* 79
レークス・ゴティカ（ゴート族の法）*lex Gothica* 89
レリギオ・ロマーナ *religio romana* 89
ローマ略奪（410年） 21, 63-64, 68, 80, 100-101, 153
ロマン派 114

参考文献

Aillagon, Jean-Jacques, et al., *Rome et les Barbares. La naissance d'un nouveau monde*, Venise, Skira editore, 2008.

Amory, Patrick, *People and Identity in Ostrogothic Italy*, Cambridge, Cambridge University Press, 1997.

Barbero, Alessandre, *Barbares : immigrés, réfugiés et déportés dans l'Empire romain*, Paris, Tallandier, 2011.

Chauvot, Alain, *Opinions romaines face aux barbares au IVe siècle ap. J.-C.* (Études d'archéologie et d'histoire ancienne) (Collections de l'Université des Sciences Humaines de Strasbourg), Paris, De Boccard, 1998.

Christol, Michel, *L'Empire romain du IIIe siècle*, Paris, Errance, 1997.

Coumert, Magali, *Origines des peuples : les récits du Haut Moyen Âge occidental (550-850)* (Collection des études augustiniennes, Série Moyen Âge et temps modernes ; 42), Paris, Institut d'études augustiniennes, 2007.

Delaplace, Christine, *La fin de l'Empire romain d'Occident, Rome et les Wisigoths de 382 à 531*, Rennes, PUR, 2015.〔第3版で追加〕

Dumézil, Bruno, *Les racines chrétiennes de l'Europe : conversion et liberté dans les royaumes barbares : Ve-VIIIe siècle*, Paris, Fayard, 2005.

——, *Servir l'État barbare dans la Gaule franque : du fonctionnariat antique à la noblesse médiévale (IV au IXe siècle)*, Paris, Tallandier, 2013.

—— (dir.), *Les Barbares*, Paris, Puf, 2016.〔第3版で追加〕

Favrod, Justin, *Histoire politique du royaume burgonde (443-534)*, Lausanne, Bibliothèque historique vaudoise, 1997.

Fouracre, Paul (ed.), *The new Cambridge medieval History*, t. 1, « c.500-c.700 », Cambridge, Cambridge University Press, 2005.

Halsall, Guy, *Barbarian Migration and the Roman West 376-568*,

Cambridge, Cambridge University Press, 2007.
Heather, Peter J., *The Goths (The peoples of Europe)*, Oxford, Blackwell Publisher, 1998.
——, *The fall of the Roman Empire : a new history of Rome and the Barbarians*, Oxford, Oxford University Press, 2007.
Inglebert, Hervé, *Atlas de Rome et des barbares, IIIe-VIe siècle : la fin de l'Empire romain en Occident* (Collection Atlas/Mémoires), Paris, Autrement, 2009.
Kulikowski, Michael, *Rome et les Goths, IIIe-Ve siècle : invasions et intégration*, Paris, Autrement, 2009.
Lançon, Bertrand, *L'antiquité tardive* (Que sais-je?, 1455), Paris, Presses universitaires de France, 1997.〔ランソン、ベルトラン『古代末期』大清水裕・瀧本みわ訳、文庫クセジュ 981、白水社、2013年〕
Lebecq, Stéphane, *Les origines franques : V^e-IXe siècle* (Points,. Histoire ; 201. Nouvelle histoire de la France médiévale ; 1), Paris, Seuil, 1990.
Lebecq, Stéphane *et al.*, *Histoire des îles Britanniques*, Paris, Presses universitaires de France, 2007.
Le Jan, Régine, *Les Mérovingiens* (Que sais-je?, 1238), Paris, Presses Universitaires de France, 2006.〔ル・ジャン、レジーヌ『メロヴィング朝』加納修訳、文庫クセジュ 939、白水社、2009年〕
Périn, Patrick et Feffer, Laure-Charlotte, *Les Francs*, Paris, Armand Collin, 1987.
Pohl, Walter, « Aux origines de l'Europe ethnique. Transformations d'identités entre Antiquité et Moyen Âge », *Annales. Histoire, Sciences sociales*, 2005, p.183-208.
Wickham, Chris, *Framing the Early Middle Ages. Europe and The Mediterranean 400-800*, Oxford, Oxford University Press, 2005.
Wolfram, Herwig, *Histoire des Goths* (L'évolution de l'humanité), Paris, Albin Michel, 1991.
Wood, Ian, *The Merovingian kingdoms, 450-751*, London, Longman, 1994.

日本語文献（抄）

ブライアン・ウォード=パーキンズ『ローマ帝国の崩壊――文明が終わるということ』南雲泰輔訳、白水社、2014年
ゲオルグ・オストロゴルスキー『ビザンツ帝国史』和田廣訳、恒文社、2001年
エドワード・ギボン『ローマ帝国衰亡史』中野好夫・朱牟田夏雄・中野好之訳、ちくま文庫、1996年
ジリアン・クラーク『古代末期のローマ帝国――多文化の織りなす世界』足立広明訳、白水社、2015年
ヘルマン・シュライバー『ゴート族――ゲルマン民族大移動の原点』岡淳訳、佑学社、1979年
ピーター・ブラウン『古代から中世へ』後藤篤子訳、山川出版社、2006年
――『古代末期の形成』足立広明訳、慶應義塾大学出版会、2006年
大月康弘「ピレンヌ・テーゼとビザンツ帝国――コンスタンティノープル・ローマ・フランク関係の変容を中心に」岩波講座『世界歴史第7巻：ヨーロッパの成立』岩波書店、1998年
佐藤彰一『中世世界とは何か』岩波書店、2008年
南雲泰輔『ローマ帝国の東西分裂』岩波書店、2016年
西川洋一「法が生まれるとき――初期中世ヨーロッパの場合――」林 信夫・新田一郎編『法が生まれるとき』創文社、2008年
松谷健二『カルタゴ興亡史――ある国家の一生』中公文庫、2002年
――『東ゴート興亡史――東西ローマのはざまにて』中公文庫、2003年
――『ヴァンダル興亡史――地中海制覇の夢』中公文庫、2007年
南川高志『新・ローマ帝国衰亡史』岩波新書、2013年
南川高志編『378年 失われた古代帝国の秩序』山川出版社、2018年
渡辺金一『中世ローマ帝国』岩波新書、1980年

文庫クセジュ　Q 1028
ヨーロッパとゲルマン部族国家

2019年 5 月30日　第1刷発行
2020年 3 月 5 日　第4刷発行

著　者　マガリ・クメール
　　　　ブリューノ・デュメジル
訳　者 ©　大月康弘
　　　　小澤雄太郎
発行者　及川直志
印刷・製本　株式会社平河工業社
発行所　株式会社白水社
東京都千代田区神田小川町 3 の 24
電話　営業部　03 (3291) 7811 / 編集部　03 (3291) 7821
振替　00190-5-33228
郵便番号　101-0052
www.hakusuisha.co.jp

乱丁・落丁本は，送料小社負担にてお取り替えいたします．
ISBN978-4-560-51028-5
Printed in Japan

文庫クセジュ

歴史・地理・民族（俗）学